Library of
Davidson College

José Moreno Villa

LOS AUTORES COMO ACTORES Y OTROS INTERESES LITERARIOS DE ACÁ Y DE ALLÁ

Nueva edición

18071

Colección Tezontle

LOS AUTORES COMO ACTORES

JOSÉ MORENO VILLA

LOS AUTORES COMO ACTORES
*y otros intereses literarios
de acá y de allá.*

FONDO DE CULTURA ECONÓMICA
MÉXICO

Primera edición,   1951
Primera reimpresión, 1976
Segunda edición,   1984

D. R. © 1951, Fondo de Cultura Económica
Av. de la Universidad 975; 03100 México, D. F.

ISBN 968-16-1616-2

Impreso en México

A
Eugenio Imaz

PRÓLOGO

Los trabajos incluídos en este volumen pertenecen a dos hemisferios: al de la crítica literaria y al de la convivencia literaria; al del estudio sobre los productos de creación y al del conocimiento directo de los autores.

La Historia literaria no se contenta con registrar y analizar las obras legadas por los autores; ansía conocer a éstos en cuanto seres humanos y en función social. Como actores. Situándolos así, en perspectiva y sobre el escenario de la vida, ellos, los creadores de personajes, se convierten en figuras míticas.

El haber convivido con escritores de la generación del 98 y de las generaciones siguientes me permite iniciar un ensayo en este sentido. Es el que preside y da nombre a este libro.

LOS AUTORES COMO ACTORES EN LA VIDA

Algunas características personales de las generaciones del 98 y siguientes

I. LAS MUJERES DE MIS CONTEMPORÁNEOS

Este es un tema para brindarlo a los psicólogos y a los historiadores de la literatura española peninsular. No lo he visto señalado por nadie. Sin rebuscar mucho, llego a sumar 17 escritores y artistas españoles casados con extranjeras.

Pérez de Ayala, con yanqui; Maeztu, con inglesa; Araquistáin, con suiza; Picasso, con rusa y con francesa; Madariaga, con inglesa; Negrín, con rusa; Onís, con yanqui, en segundo matrimonio; Juan Ramón, con mixta de española y yanqui; León Felipe, con mexicana; Gómez de la Serna, con -argentina; Guillermo de Torre, con argentina; Pedro Salinas, con argelina-española; Jorge Guillén, con francesa; y quien suscribe con mexicana.

De estos hombres —artistas, literatos o intelectuales—, los más viejos nacieron hacia el 80 del siglo pasado, en la penúltima decena. De modo que ellos representan unas cuatro generaciones si a cada generación adjudicamos 15 años.

Cuatro generaciones consecutivas de españoles notables que han buscado sus compañeras en países distintos, pero no en el suyo.

¿Ha ocurrido esto alguna vez en la ya larga vida de la cultura española? De ello se pueden deducir muchas cosas; desde luego que para el amor conyugal, esas cuatro generaciones fueron extranjerizantes. Y habría que buscar el porqué. ¿Nos ocurrió con el amor lo que con la literatura, el arte, la filosofía, la pedagogía y las ciencias positivas? ¿Fué por el hecho de salir a estudiar por lo que caímos en redes extrañas?

En algunos casos, sí; en otros han concurrido circunstancias muy diversas seguramente, y que yo no podría señalar por falta de datos.

Me asalta sin embargo, una interrogación que seguramente asaltará al lector: ¿hay en este fenómeno algo de desdén para la mujer española?

Creo que, en el fondo, y en muchos casos, sí. Es doloroso decirlo. La culpa no es de la índole femenina de la mujer española, sino de la educación que se le daba entonces. La mujer española tiene condiciones inmejorables, pero no para compañera de intelectuales, artistas y escritores. En el orden intelectual o artístico estaban sin lastre, no podían ser compañeras, no pasaban de aburridas amas de casa. ¿Cómo era la mujer de Unamuno? Nadie la conoció en sociedad. Nunca la vi con él. Y cuando visité a don Miguel en su casa de Salamanca, me abrió ella la puerta, pero no me fué presentada por el maestro. Don Miguel habla de ella con cariño, y hasta dice que no conoció otra mujer en su vida. Con ella tuvo once hijos, pero ¿fué su compañera de preocupaciones filosóficas y líricas? Lo dudo mucho. Y cuidado que no todas las extranjeras casadas con este lote de españoles son compañeras en este sentido que acabo de señalar; pero basta con que la educación recibida por ellas sea lo suficientemente amplia como para no extrañarse de las preocupaciones o problemas en que solemos andar metidos. Las "niñas" burguesas españolas de nuestro tiempo eran muy aburridas, y a cualquier cosa de orden espiritual que se les comunicaba respondían con un "no seas bobo". Era imposible hablar con ellas de otros motivos que los sociales más inmediatos y corrientes.

La historia literaria tendrá que anotar este fenómeno ocurrido precisamente en uno de los períodos más brillantes de España. Por ahora, después de apuntarlo sencillamente, me divierto en contar el número de mujeres que cada país unió a nosotros: Suiza, una; Argelia, una: Rusia, dos; Francia, cinco; Argentina, dos; Yanquilandia, tres, México, dos; Inglaterra, dos.

Francia se lleva la primacía con cinco elegidas. Y bromeando podríamos decir que Picasso, Dalí, Buñuel, Bores y Guillén son afrancesados; que Pérez de Ayala, Onís y Juan Ramón son ayanquizados; que Madariaga y Maeztu son o fueron anglófilos; y que Araquistáin, Gómez de la Serna, Guillermo de Torre, León Felipe y yo éramos asuizados, argentinizados o mexicanizados.

Sin embargo, para no embromar a la Historia, le diré que León Felipe se casó con mexicana porque la conoció en una Universidad de los Estados Unidos; que yo me casé con mexicana porque la guerra civil española me trajo a México; que Negrín se casó con una rusa porque fué su compañera de estudios en Alemania; que Picasso se casó con rusa y luego con francesa porque en la vida de París todo ha de ser cosmopolita. Y así se podría decir de los demás. No es que cada uno buscase compañera por una "filia" nacionalista. Esto hubiera sido grotesco.

II. MODOS DE SOPORTAR LOS TRABAJOS

Los alemanes suelen repetir esta frase: "Arbeiten macht das Leben süss," (el trabajo dulcifica la vida). Por contra, uno de nuestros grandes humoristas, Julio Camba, dijo: "Hay años que no tiene uno ganas de trabajar".

En la frase alemana se acusa la disciplina fundamental de un pueblo; en la del español, el instinto infantil de la holgazanería, insociable e insaciable.

Las maneras de reaccionar ante el trabajo son variadísimas e interesantes. Hay hombres a quienes no se les nota que trabajan, siendo grandes trabajadores; otros, que aparentan trabajar y no hacen nada más que ajetrearse. Unos llevan con decoro y dignidad su obligación; otros están quejándose siempre de la carga. Se ve que unos nacen con mayor resistencia moral y física que otros.

Mis experiencias entre investigadores, literatos y pintores son largas. Trataré de algunas. Entre los investigadores he visto repetidamente hombres animosos e infatigables, que a todas horas estaban sobre la marcha sin decadencia en el ánimo, como detectives apasionados. Así eran Menéndez Pidal, Gómez-Moreno, Américo Castro, Guillermo de Torre, Pío del Río-Hortega, entre otros. En general, los de gran vocación por algo, son así. En cambio, los de vocación pegadiza, simiesca, de querer ser como fueron otros, habiendo nacido para menos o para otra cosa, estarán siempre pesarosos y fastidiando a todo el mundo. Esto se aplica a los investigadores como a los literatos de invención o creación.

Una cosa mezquina y fea se nota entre los investigadores y es la ocultación avara del dato y las peleas que esto origina. La índole de sus trabajos les conduce a sobreapreciar la minucia. Minucia que —nadie duda— les costó fatigas, estudios y viajes; minucias que, a veces, hacen cambiar el aspecto de una cuestión grave. Esto no lo reconoce el público, y es injusticia. El público no ve en ellos sino lo que tienen de urracas, de ocultadores de cosas, sin pensar que ese vicio lo exige la índole de su trabajo.

Con los filósofos, la cuestión varía, porque no andan investigando sobre objetos tangibles, sino con vaporizaciones, por así decirlo. Por muy sólido que sea un concepto, nunca lo será tanto como una sierpe, y ésta se nos escurre de las manos. Los conceptos se escapan, se deforman, cambian y hasta se esfuman; pero hay en ellos otra cosa peor, y es que atormentan y acaban imprimiendo carácter a quien los maneja. Así le ocurría a Unamuno. Aun para contar algo gracioso estaba en trágico, en atormentado.

Y vuelvo a lo de antes: no siempre la conducta o porte de un hombre responde al fondo de su carácter; hay un influjo tan grande del trabajo que puede convertirnos en lo que no éramos. Por algo dice la gente: "Oye, se te va poniendo cara de fraile, o de intelectual!" Al que más o al que menos se le acusa en la cara el trabajo a que se dedica.

Unamuno parecía siempre contrariado, y creo que se debía a que era un contradictor, un hombre que se impuso el trabajo de contradecir porque vió que el prójimo hablaba generalmente vulgaridades, es decir, cosas no pensadas por él, sino de acarreo. Y el trabajo de contradictor le indujo a contradecirse a sí mismo. Gran caso.

Grande, pero desconcertante y desesperante para los admiradores. Acaba uno por no fiarse de hombres así. Les vemos el juego, que en Unamuno fué muchas veces juego de palabras, sofistiquerías ingeniosas.

Hoy no puedo ver a Unamuno como a mis veinte años. Entonces apasionaba a la juventud por lo que tenía de revulsivo e inconforme, de voz bíblica y fondo poético.

En la última frase suya que se difundió por lo valiosa y valiente, dirigida a Franco, se retrata de cuerpo entero: "Vencerás, pero no convencerás". Aquí tenemos al profeta real y verdadero, pero también al polemista o retador, y al jugador de vocablos. La frase es, además, un resumen biográfico, una condensada autobiografía, porque él mismo venció a la muerte pasando a la inmortalidad literaria; pero sin convencer a casi nadie. Y no convenció porque un contradictor fundamental no tiene, en resumen, cosa segura que ofrecer. No niego que nos ofreciera su alma —lo cual es importantísimo—, no niego tampoco lo moral de su rebeldía —que también es prenda valiosa—; lo que niego es su directoría, su capacidad de magisterio, por eso de la eterna contradicción. Fué una llama. Y la hemos amado mucho; otro día diremos por qué, aunque ya se adivina en lo dicho ahora.

De los filósofos voy a pasar a los literatos. Y me acude rápida y reposadamente el que se llamó "pequeño filósofo" a sí mismo, "Azorín". Este fecundísimo escritor, este verdadero obrero de la pluma, parecía que no hacía nada, que era un eterno paseante en Corte. Se le veía caminar con lentitud, llevando un bastón discreto y mirando como miran los ciegos, con la cara levantada y sin fijeza en lo concreto. Maravilla en quien tanto detalle supo captar de la realidad concreta española. Se le veía caminando, o sentado en los sitios más raros, por ejemplo, en los subterráneos del metro; como un hombre aburrido, sin quehacer.

El secreto de hombres así está en que son enormemente metódicos y perseverantes. Mañanas para escribir, tardecitas para leer y días para caminar, hablar un poco y ver lo que se presenta.

Jamás le vi una cartera en la mano, ni tomar un apunte en público. Si al principio de su carrera literaria fantocheó bastante con el paraguas rojo y el chaleco a cuadros, o como fuese, en plan de literato bohemio que llama al público y se mofa de él, luego, ya firme su firma, fué un modelo de dignidad en cuanto al porte o presentación.

III. EL TALANTE Y LA OBRA

Hablemos de Baroja. ¿Cuál es su ánimo al recibirle a uno en su casa, al encontrarle en la calle, al pasear, al viajar? Según mi experiencia, las notas constantes de su ánimo serían: naturalidad, buena disposición para oír, rapidez de juicio en la respuesta, desdén para la mayoría de las producciones literarias, buen humor por cuanto le gusta reír, mal humor porque el mal gusto, la ramplonería, la insensatez le inducen a la calificación áspera y tajante.

Baroja es el hombre sin uniforme literario. Si se le nota que es escritor nunca será por el rebuscamiento de palabras, sino por la agudeza y la sobriedad del juicio.

El compañero más constante que ha tenido es Azorín, su polo opuesto. Muchas veces me ha dicho: "Azorín no tiene criterio". Yo sé que le profesa un gran afecto y una gran estima literaria, pero le censura con la frase dicha porque así es.

Si Azorín lleva su porte con la dignidad de un caballero exento de trabajo, Baroja camina a su vera encorvado, mirando al suelo o mirando de refilón personas y cosas; como sumido en su discurrir incesante, sin prisa, con las pausas naturales del que conversa por agrado y genialmente. No trae a la charla "discos" grabados en su casa, como hacía Unamuno. Si Azorín va cuidadosamente vestido, Baroja va desajustado y sin cepillar. Es curioso cómo esto corresponde a sus respectivos modos de escribir. Se diría que a uno le preocupa la gente y al otro, no. Cuando en el fondo creo que es al revés; que a Baroja le importa más que a Azorín el juicio ajeno. Le duelen más los pinchazos. Ya se ve en su biografía o Memorias. No creo que Azorín se salga un día hablando de los que le censuraron el haber hecho el elogio de Maura, Cierva, la República y, ahora, de Franco y su Falange. Y la cosa es que todo esto lo hace por falta de criterio, y, sobre todo, por que le dejen en paz continuar su obra, que es su vida.

Baroja es uno de los conversadores más humanos y familiares que he conocido. Entre los motivos de nostalgia que siento por España está el de volver a pasar con él unos ratos durante diez o doce días. Hay en él algo tan auténtico, sin farsantería, que gusta. Y además, durante las pausas de la conversación nota uno que lleva al lado un alma clara que piensa con despego subjetivo, como de hombre que no espera nada de nadie. Esto también es estupendo.

Con cuatro escritores he conversado a gusto en mi vida: con Baroja, con Ortega, con Morente y, ahora, con Reyes.

Ortega conlleva el trabajo con dignidad y seguridad. Fué siempre un hombre seguro de su valía. Unamuno no le perdonaba esto, el orgullo. En cambio, Baroja, que lo considera como el único interesante de los posteriores a su propia generación, me hizo notar durante un viaje que hacíamos los tres: "Fíjese, Ortega tiene dotes de mando; yo, no".

En los diálogos o en pequeños grupos, Ortega resulta un conversador inestimable, que sabe escuchar y responder verdaderamente, siguiendo el hilo, no rompiéndolo, como Unamuno, para colocar lo que venía rumiando. En grupos mayores, cambia de actitud y de tono; se sube a la cátedra, se pasea y adopta posturas de concentración un poco teatrales que, a veces, me recordaban las de Mussolini.

En el talante se le descubre su profesión de escritor y filósofo, pero sin alambicamientos verbales. Su léxico es exacto en todo momento, lúcido y brillante. Cuando recibe una pregunta u observación inesperada, se queda un momento pensativo y contesta luego con un "no sé" o con una respuesta abundante y llena de posibles ramificaciones.

Ortega se interesa por los trabajos de sus amigos; pregunta por lo que hacen y reflexiona sobre la contestación. Esto no es frecuente en otros.

También hay que apuntar algo sobre su sonrisa y su franca risa. Él, y Baroja, y Reyes, y el mismo Pérez de Ayala, ríen como los hombres; Unamuno, en cambio, no. Y a Don Ramón del Valle-Inclán le sentaba poco la risa. Esto de no poder reír me trae a la memoria un tipo "finchado" a quien le llamaban en Málaga "El Alcalde de Lisboa"; este sujeto quería justificar su eterna seriedad con que Jesucristo no rió nunca.

Creo que el lector estará conforme conmigo si digo que quien no sabe reír es incapaz de llorar y que por ambas cosas está más próximo de la bestia que del ser humano. Está bien que hoy no veamos reír a Cristo por la misión extraordinaria que le embargó; está bien que nos parezca herética una imagen de Cristo riendo; pero estoy seguro de que en sus días y ocasiones, rió, como lloró. Y no dudo de que en la Última Cena, después de aquella terrible declaración: "En verdad, en verdad os digo que uno de vosotros me hará traición", a las preguntas de unos y otros respondía con una sonrisa conmiserativa. Porque al fin y al cabo era hombre.

Alfonso Reyes sabe reír; ríe hasta con los ojos. Y sabe contar anécdotas curiosas, porque le sobra memoria de lo vivido y de lo leído. Por naturaleza y por la vida diplomática, su carácter ha ido asimilando cosas que aquellos otros no alcanzaron nunca: alto grado de flexibilidad en el trato humano.

IV. EL LITERATO EN FUNCIÓN SOCIAL

No trataré del literato en función política, sino como ser humano que comunica su trabajo al prójimo de una manera más directa que con el escrito, con su presencia verbal, con su personalidad física y espiritual.

La cosa que admiré siempre en Morente fué su capacidad de pasar de lo vulgar, doméstico y hasta grosero, a lo espiritual, conceptual y abstracto sin la menor perturbación de ánimo. Cuando éramos estudiantes, Morente escondía chorizos de Cantimpalos bajo sus ropas de dormir colgadas en una percha; después de una cena frugal, mordisqueaba uno de aquellos chorizos y se incorporaba a nuestro grupo para hablar de música, de poesía, de historia o de filosofía. Pasábamos discutiendo un par de horas a pleno pulmón y, de pronto, sentía un desplome físico, una soñarrera incontenible, que le hacía gritar: "Quiero dormir". Era el hombre físico, material, que irrumpía en el hombre espiritual sin puente ni ladera, de un salto.

Tal vez mi manera de expresarme ahora no corresponda al cariño y a la estimación que le tuve; que le tuve precisamente por esa facilidad que yo encontraba en él de llevarlo de un terreno a otro, como se lleva a un toro noble, encastado. Cuando teníamos veintitantos años y poco dinero, nos permitíamos el lujo de alquilar un coche una tarde veraniega para pasear por el Retiro y dilucidar problemas filosóficos. ¡Qué maravilla me parece ahora!

Morente fué un obrero inestimable por su capacidad de trabajo y esa virtud suya de cortar repentinamente con una cosa para pasar a otra muy distinta. Pasaba del problema económico-doméstico a la traducción de Kant, a la revisión de pruebas de la Revista de Occidente, a la clase de Ética, a la conferencia de Historia Universal para damas aristocráticas, al coloquio estudiantil, a lo que fuese. Sabía y exponía con claridad; quizás con demasiada claridad. Quizás por esto no le estimaban los otros profesores de filosofía.

Respecto a su conversión y su pase al movimiento de "Hispanidad", permitidme una reserva sonriente. Diré que tuvo miedo en un momento dado. Pero también diré que en muchas ocasiones descubrí en él unas venas místicas que nunca supe de dónde le arrancaban.

De Miró, poco he de decir. Se portaba como un caballero abrumado por trabajos impertinentes e inadecuados, indignos de un escritor tan lleno de exigencias estilísticas. Se lamentaba en un lenguaje contrahecho, que sonaba a falso en un hombre del litoral levantino. Lo que en Pérez de Ayala parece bien porque concuerda con el habla de los asturianos cultos, en Miró resulta afectado.

Pérez de Ayala conllevaba el trabajo alegre y mordazmente. Su mentalidad afilada y dialéctica le colocó en un plano alto y fué más temido que amado por el público literario.

Valle-Inclán, como persona entre personas, sólo diré que fué la figura más pintoresca, divertida y hasta borrascosa de su tiempo. Todo el mundo conoce anécdotas suyas y Gómez de la Serna le ha escrito un libro.

Y ahora ya estoy libre para decir lo que pienso del escritor orador, del hombre que se presenta al público para darle su trabajo mental directamente, sin cuartillas, montado en las palabras que van fluyendo.

Sobresalieron en este aspecto del trabajo, Unamuno y Ortega. Pensando en ellos siempre vengo a lo mismo, al poder hipnótico. ¿Qué, si no esto, embobaba a sus oyentes? Ambos poseyeron esa fuerza en alto grado. Y nótese que si en Unamuno parecía dimanar de su temperamento férvido, apasionado y violento, en Ortega se presentaba como fruto de preparación meditada, calculada. Se diría que aquél está en la línea de un Víctor Hugo y éste en la de un Calderón de la Barca. ¿Es que no obraban por hipnotismo las barrocas y complicadas estrofas del gran dramaturgo? ¿Cuántos, oyéndolas, pueden ir captando el significado? Y, sin embargo, todos se sienten electrizados y embobados.

Al pensar en esta fuerza saltan las figuras de Napoleón, de Mussolini, de Hitler, como el arte cinematográfico, novelístico y lírico. El público de cine goza por el poder hipnótico de las imágenes; el lector de una novela buena no sabe cuánto tiempo lleva leyendo, abstraído del mundo circundante por obra de la fuerza hipnótica; las masas, los pueblos y hasta las naciones son arrastradas de una banda a otra por el sortilegio de algunos hombres dotados con este poder. Poder misterioso, maravilloso, pero temible, como podemos comprobar a cada paso.

Unamuno y Ortega han sido nuestros hipnotizadores en la juventud como oradores. Hoy, mañana, podrán seguir siéndolo para los lectores, pero los que no alcanzaron a oírlos no podrán sentir esos latigazos eléctricos o esas inmersiones en la voluptuosidad fonética de la palabra o en la voluptuosidad de pensamiento bien movido e iluminado, que hemos sentido oyéndolos.

V. EL PODER HIPNÓTICO

Como alguien pudiera unir el concepto hipnotizar con el de embaucar, que se toca con el de engañar, prosigo.

La fuerza hipnótica que se desprendía de estos ejemplares humanos será, como tal fuerza, idéntica a la de los embaucadores; pero los fines que ellos se proponían eran altos, nobles, mientras los de esos otros son viles, bajos. No discuto aquí el acierto o desacierto de sus doctrinas o posiciones intelectuales o políticas; digo solamente que nos embelesaban al hablar, como nos embelesaba Galdós con sus novelas. Sus fuerzas hipnóticas nos conducen el alma a un ámbito donde queda absorta, incapacitada para moverse por sí misma, sometida gozosamente al poder mágico de las palabras.

Sin esta fuerza hipnótica no hay obra de arte. Es decir, que no sólo se manifiesta en la oratoria o en la novela, sino en la verdadera poesía, en el verdadero teatro, en la verdadera pintura, en la voz del cantante, y en la faena del buen torero. Es un poder de captación que, por no estar al alcance de la mayoría, nos parece cosa de magia.

El poder hipnótico, al igual que la simpatía, el gracejo y la imaginación diríamos que pertenecen a los dones del Espíritu Santo; que los traemos como traemos tal sangre, tales ojos, y no hay nada que hacer; no hay nada que hacer para ganarlos; no se adquieren en la Universidad, en los libros ni en el mercado negro. Sus contrarios —la antipatía, la pesadez, la mala sombra, la falta de imaginación— son congénitos también, pero, en vez de dones del Espíritu Santo son mordeduras (mordidas diríamos en México) del Demonio a la hora del nacimiento. Al "esaborío" le mordió Satán el noventa y nueve por ciento de la gracia espiritual, y el uno por ciento se lo llevó el partero entre las pinzas. Porque supongo que salió con forzador o fórceps.

Hay verdad en eso de que Dios mira con buenos ojos a unos y a otros con malos. Ya lo hizo con Caín y Abel. Pero también es verdad que a unos les toca la china porque sí y a otros no. Todavía es difícil averiguar cuántos factores y de qué clase son precisos para que unos salgamos así y otros asados; unos, gentiles y otros pesados. Nacemos con suerte o sin ella, decimos, pensando que la lotería manda también en los nacimientos.

El poder hipnótico de Unamuno era de tipo africano; por esto se le llegó a ver como un "santón". Sus preocupaciones fundamentales, su tono trágico, su vida de apartamiento y soledad y su sentido religioso contribuyeron a verle así, a tenerle por tal. Me contaba mi amigo Luis Alaminos —hombre que debería escribir, porque lleva muchas cosas en la conciencia— la fenomenal expectación promovida por la llegada de Unamuno a Santander durante uno de aquellos cursos ejemplares celebrados los veranos por las mayores eminencias europeas. Me contaba que el arribo de tal filósofo, de tal filólogo, matemático o historiador de alto prestigio, pasaba sin que nadie se diese cuenta; pero que la llegada del "buho de Salamanca" fué esperada con avidez por grandes y chicos desde semanas antes, y que al llegar la hora, toda la población intelectual se aglomeró en la lengüeta de la península donde estaba la Universidad de verano y, arrimándose a él, le tocaban los hombros y las mangas como a los seres maravillosos, para ver si era de verdad. Que esto lo haga la multitud con el torero del día es comprensible y corriente, pero que lo hagan los primates del saber internacional, y con un trabajador de ideas, es cosa rara y conmovedora.

Es cierto que Unamuno cultivó muchas cosas espectaculares o teatrales, lo mismo en lo intelectual que en la indumentaria. Se ha divulgado que al poco tiempo de residir en París, durante su destierro por la Dictadura de Primo de

Rivera, salieron a los bulevares algunos imitadores con chalecos y chaquetas salmantinas, "a lo Unamuno". En lo cual vemos que este hombre grande cayó en la pequeñez de "hacerse un hábito", como tantos infelices que se imaginan grandes músicos o poetas por dejarse bravíos cabellos o plantarse un chambergo a lo mosquetero.

Y en lo intelectual tenía cosas parecidas nuestro Don Miguel. Me refiere Alfonso Reyes que, acompañándole una vez por París y encaramados en la Torre Eiffel, Alfonso le iba mostrando o señalando con la mano esto y aquello, los sitios y las cosas más evocadoras, y que Unamuno se enjotaba en repetir: "¡Gredos!", "¡Gredos!", como anulando cada evocación o punto señalado. ¿No se revela en este detalle un poco de teatralidad o de farsantería?

Y ya que he dicho tanto sobre su trabajo, su fuerza hipnótica y su teatralidad, cerraré con su "juego". Porque, si no supo reír, supo jugar; aunque a un juego muy seco: el de hacer pajaritas de papel. Juego individual, que cultivó con el rigor de un lógico, desprendiendo o sacando una forma de otra, y llegando a escribir un tratado que llamó "Cocotología".

VI. MÓVILES DEL TRABAJO

Es verdad aquello del Arcipreste de Hita respaldado por un primate de la filosofía:

> Como dice Aristóteles, cosa es verdadera;
> El mundo por dos cosas trabaja: la primera,
> Por haber mantenencia; la otra cosa era
> Por haber juntamiento con fembra placentera.

¿En cuántas formas se habrá declarado esto desde entonces acá? Con decir que hasta se expresan tales conceptos con pura mímica, está dicho todo. Sin embargo, y aunque el filósofo catalán Turró haya dedicado todo un libro al hambre como primer móvil del trabajo, y Freud se incline por el instinto sexual, voy a permitirme una ligera digresión. Una digresión para venir a parar en lo mismo, probablemente, pero después de iluminar ciertos casos dudosos.

Pensemos en por qué trabaja Benavente, sobre todo después de haber obtenido un premio como el de Nobel, que le permitía haraganear por completo. No se podrá decir que por el pan. Tampoco se podrá decir que por "juntamiento con fembra placentera".

Pasando de este caso anormal, preguntemos por qué trabajaron Valle Inclán, Azorín, Baroja, Azaña, Ortega, Eugenio d'Ors.

Las contestaciones no pueden ser tan simplistas. De ninguno se puede afirmar que trabajó por aquellas cosas exclusivamente. Baroja no era rico, pero tampoco pobre como para tener que ganarse el pan. Por otra parte, no se sabe que haya tenido amoríos. Trabajó, pues, por otros motivos. Él dirá que por entretenerse; yo digo que por vocación, por gusto, por dar salida a su genio; acaso por un deseo inconfesado de perpetuarse, de sobrevivirse, como es el caso de Unamuno y de muchos otros.

Valle Inclán era más bien pobre, un hidalgo famélico, un juglar bohemio. Pero nadie dirá que escribió para matar el hambre o para casarse. Peleó de vez en cuando por las lentejas y un mediano bienestar casero, pero ambas cosas —creo yo— quedaban muy por bajo de la alta ilusión que le movía: la cumbre literaria y una especie de mística de la belleza que le emparejó con D'Annunzio. Vivió por y para la gran literatura. Farsanteó de lo lindo e hizo frases lapidarias hasta en la hora suprema. Su amor a las tertulias se explica porque conseguía en ellas lo que el deportista en el campo de juego: permanecer "en forma". En ellas ensayaba los relatos y sus efectos.

¿Puede pensar alguien que los móviles del trabajo en Azorín fuesen los aristotélicos y del Arcipreste? Azorín ha debido de tener siempre su rentita de allá, de Yecla. No tengo datos; no recuerdo por qué llegué a este convencimiento. Nunca se habló de los apuros de Azorín. Nunca le vimos sufrir altibajos; a lo largo de la vida conservó su mismo nivel decoroso. Tampoco creo que haya trabajado para lograr mujer. La tuvo tarde y no sé que haya suspirado por otras. No creo aventurar nada si digo que ha trabajado por gusto, por íntima y profunda vocación.

En los casos de Azaña, Ortega y d'Ors hay más complejidades. Los tres tuvieron otras ambiciones aparte de la literaria. El primero enfiló la política muy en la sombra; estuvo preparando sus armas, velándolas realmente, durante años, y cuando salió a la palestra del Ateneo era un hombre completamente hecho. Un hombre que quería ganar, subir y mandar. Le conocí de funcionario modesto y de primer magistrado. Su apetito político pudo más que su vocación literaria.

El segundo, Ortega, ambicionaba más cosas, tenía más apetencias, más hambre de cosas. Ambicionó ser periodista —habiendo nacido, como quien dice, en *El Imparcial*—; ambicionó la cátedra de Salmerón, y la tuvo; ambicionó tener una editorial, unas revistas y un puesto de consejero en Calpe, logrando todas estas cosas; ambicionó dirigir la política y fundó un partido. En una crisis de la Papelera —que él presentó como crisis nacional— dijo que no se conformaba con llevar los tacones torcidos; con lo cual manifestó que estaba dispuesto a pelear por la peseta, por la mantenencia, y no en un plano modesto, sino conforme a su rango, al plano intelectual que había ganado con su magnífica pluma. Bajo este aspecto cae dentro de la tesis de Turró, en un sentido lato y en un sentido estricto; pues si fué un apetente en general, también peleó por salir del hambre o casi pobreza. Pero ¿no tuvo otros móviles? ¿No tuvo esos móviles desinteresados que hemos visto en los anteriores? Yo creo que sí. Sin ellos, el trabajo no alcanza el timbre último, la verdadera catación del prójimo. Y Ortega lo alcanzó desde un principio; con una brillantez arrolladora. Por eso son de suma gravedad sus pasos y posturas. Todo el mundo español le miraba. No fué, como otros pensadores, un hombre que surgía cuando daba su libro; sino un hombre multiple que se había convertido en foco de la atención nacional. En Ortega, pues, aparte de la apetencia, obraban los móviles de la emulación, de la fama, de la gloria, del poder o la influencia.

Sin llegar a tanto, el caso de d'Ors es parecido; pero su influjo recayó solamente sobre los literatos y, especialmente sobre los inclinados a las bellas artes. En d'Ors hay las mismas apetencias que en Ortega, más la de llevar el cetro estético o de la estética. Y escribió muchas y muy sugestivas páginas en este terreno. Nadie podrá negarle tampoco la vocación desinteresada, o por encima del dinero.

¿A qué conclusión quiero llegar con todo esto? A la de que tal vez pueda modificarse la definición del Arcipreste en esta forma: "El hombre trabaja por dos cosas: por hambre y por gusto. O también: por hambre y por amor a las cosas. Sin este amor a las cosas, Europa no hubiera sido

Europa. El deseo de superar lo que tenemos es un móvil de alta civilización que puede envanecer al hombre."

VII. LA SUPERACIÓN

Acabo de aludir al ansia de superación como virtud máxima del europeo, y me parece que debo añadir algo sobre esto.

A la superación se deben tantas cosas que estoy por decir "todas"; desde la fabricación del vino hasta la desintegración del átomo, pasando por las medias "nylon", el cine, el avión, el gas, las estufas de cocina, la telegrafía sin alambres, la luz eléctrica y toda la sarta de inventos que desde el siglo pasado están a disposición incluso de los hombres que son rémoras en vez de propulsores; hombres que, legítimamente, no debieran llamarse así.

La superación en las letras y en las artes no es tan patente como en las ciencias por dos razones; primera, porque difieren mucho en edad: las ciencias son unas jovencitas; segundo, porque en las letras y las artes, la superación se verifica a veces por pequeños matices.

Las artes y las letras son muy viejas, indudablemente, pero unas viejecitas vivaces, llenas de recursos y experiencias, que les permiten presentarse en público eternamente rejuvenecidas. En ellas, la superación consiste en variar de golpe, muy raras veces, o en variar por un cambio de punto de vista o de concepto tan fino que apenas lo percibe el espectador.

En el fondo no difieren mucho sus procedimientos y los de las ciencias. Enfocar la cuestión desde un ángulo nuevo puede ocasionar un descubrimiento. Unir dos o tres substancias conocidas, pero no combinadas hasta hoy, dosificarlas por arte de birlibirloque y aplicarlas a un animal, puede llevarnos a cu ar el cáncer.

¿No es eso mismo lo que ocurre en música, en pintura y en literatura? El acierto máximo ¿no proviene de la combinación feliz, o sea de las cualidades de todos y cada uno de los factores?

Como he tomado la generación del 98 para ensayo, ¿qué superación es la suya comparada con la anterior? ¿Cómo y en qué superan Benavente, Valle-Inclán, Baroja, Azorín, Ortega, Juan Ramón, los Machado, a los anteriores, a los Galdós, Pereda, Pardo Bazán, Valera, Alarcón, Núñez de Arce, Campoamor?

A Galdós es difícil superarle en el terreno macho; y me permito llamar así a la facultad de abarcar de una vez los temas en grande e ir ejecutando luego la obra en detalles con el calor y disciplina que ella misma exige.

Baroja no podía superarle en esto. Pero tampoco Benavente podía superar en ese plano a Echegaray, llamado por Valle-Inclán "viejo idiota".

¿Por qué lo consideraban así los del 98? Por su falta de finura, de delicadeza y hasta de decoro literario. Sus arrebatos verbales, de pasión burdamente preparada, le despeñaban en los ripios más intolerables y en deformaciones que hoy nos hacen reír de grotescas. Echegaray veía también en gran bloque los temas, como Galdós, pero sin el aplomo, la verdad humana profunda y la calidad que éste.

Y aquí hemos dado con la palabra clave para los del 98: CALIDAD. Echegaray no tiene calidad. Y la superación de los entonces jóvenes estuvo en eso, en la calidad.

Pero ¿qué es la calidad? La calidad es el conjunto de cualidades. Veamos un ejemplo. Pensemos en una tela inglesa y en otra de cualquier país. Estamos todos conformes en que la inglesa es de mejor calidad. ¿Por qué? Porque tiene mejores componentes y mejor acabado. La tela es más suave, más flexible, más duradera de textura y de color, etc., si es inglesa. Es decir, que las cualidades de cada uno de sus factores y de su elaboración son óptimas, o superiores a las de las otras telas.

Pues bien, en la producción de los jóvenes del 98 hay, primeramente un cambio de postura ante el mundo; una voluntad de contemplarlo sin el materialismo "garbancero" de Galdós, como impía e injustamente lo calificaron, y sin el romanticismo desbocado y trasnochado de Echegaray. Con una humildad o frescura de ojos, con una mayor exigencia en la expresión, con mayor severidad y sobriedad vinieron a la literatura aquellos jóvenes. Supieron ser a la vez osados y humildes. Osados ante la decrepitud intelectual y moral del ambiente; humildes ante la gran maravilla que hay en tanta cosa esparcida por la tierra y que no fué tenida en nada por aquellos ampulosos y declamadores de antes. Se pusieron ante la realidad a lo Regoyos, no a lo Sorolla.

Muchos creen que superar es hacer lo del anterior sólo que mejorado. Ésta es la superación del carpintero, del encuadernador o de todo obrero manual; pero no la del trabajador creador o inventor. Éste, aparte del oficio, supera por iniciativa genial. Se puede superar a un pintor o escritor, lo mismo que toda una época con sólo un ligero viraje al darse cuenta de que los recursos de aquélla o aquéllos caducaron, y de que es preciso afinar desde un ángulo nuevo la visión del mundo.

Y esto lo consiguieron todos los del 98, los prosistas, los filósofos, los dramaturgos y los poetas. Después de los Machado y de Juan Ramón, las cosas de Campoamor y Núñez de Arce suenan a tambor y "chatarra"; quedan en aforismos de peluquería o tronantes pedazos de ópera.

El tema de la calidad es como para muchas horas. A mí no me interesa de momento más que apuntarlo, para ver en qué superaron los del 98 a los anteriores y cómo la calidad es importante en el trabajo.

VIII. LA DISCORDIA

Con la generación del 98 apareció en el campo del trabajo espiritual una clase nueva, la de los intelectuales.

Hoy, el término ha perdido su contorno original. Entonces, a principios de siglo, los intelectuales fueron los escritores que con fundamentos filosóficos ejercían la crítica. ¿Sobre qué? Sobre la vida nacional principalmente; sobre la política, sus costumbres, sus sistemas de enseñanza, su literatura, etc.

Esta generación del 98 se distinguiría de la anterior sobre todo en eso, en su espíritu crítico-filosófico. Por eso subió el valor de Larra. Y a Larra tendrán que enlazarse históricamente Ganivet, Clarín, Unamuno, Ortega, Maeztu, Azorín mismo, Baroja, Pérez de Ayala y muchos de generaciones posteriores. Con ellos, vino la discordia. Yo no sé si ésta es hermana o hija de la crítica; lo que sí veo es que donde aparece la crítica aparece la discordia. Pero también reconozco que la crítica nace de darse cuenta, de entender lo que nos rodea. Y que esto es preciso.

Los puros literatos de la generación anterior, Galdós, Pereda, Valera, Alarcón, Palacio Valdés, Doña Emilia, el Padre Coloma, reflejaban la vida también, pero, si la entendían y la criticaban, lo hacían a la manera literaria tradicional, según el clásico modo de enseñar deleitando. Los de la generación siguiente rompieron ese molde y entraron a la crítica por derecho, descarnadamente. Y este procedimiento les originó muchas antipatías. El intelectual fué un antipático y creo que lo seguirá siendo para la inmensa mayoría. No obstante, el intelectual del 98 y los que le sucedieron dejaron un surco imborrable en la historia española, porque consiguieron modificar muchos aspectos de la vida. Cossío (D. Manuel Bartolomé) decía: "La vida no es alegre ni triste; la vida es, sencillamente, seria". Los intelectuales del 98 infundieron seriedad a la vida española; lucharon por que se tomaran en serio las cosas; lo mismo la cátedra que la poesía lírica.

Pero después de este preámbulo necesario, pensemos en la discordia intestina de los intelectuales del 98. Porque la hubo y sigue habiéndola. ¿Cómo se explica que en un grupo tan reducido y tan conforme en lo fundamental, es decir, en el problema de España, o en España como problema, viva y prospere la discordia? Primero la hubo entre Ganivet y Unamuno; después, entre éste y Ortega. Baroja no se entendía con Unamuno tampoco. Azaña y Ortega se miraban con hostilidad. ¿Qué pasaba?

La gente sencilla cree que la discordia entre las clases sociales surge por motivos económicos únicamente; pero hay una discordia menos materialista, de orden ético, y otra de orden estético. Se llega a odiar al prójimo por las ideas morales, intelectuales y estéticas. Y es que el abeto no se entenderá nunca con la palmera.

En cierta ocasión, para subrayar esto, escribí una fábula. Decía:

El abeto nórdico, de la germánica Selva Negra, desciende a la costa mediterránea en viaje de turismo, y, al descubrir la palmera, se santigua horrorizado: "¡Qué monstruo es ese?, grita. Eso no es árbol. Del tronco le nacen las hojas. ¿Qué tal si al hombre le nacieran los dedos en la frente y la nuca a modo de corona?" Después descubre al olivo, y reacciona igualmente: "Eso no es árbol; y si lo es, será judío, por lo torcido y contrahecho. Nosotros, los abetos del norte, somos de raza superior, rectos, arquitectónicos."

Pero lo curioso es que este desacuerdo del abeto con los demás árboles, no es cosa exclusivamente suya. El sauce dice del ciprés: "Ese no es árbol; es un monstruoso puro habano carbonizado." Y el ciprés dice del sauce: "Ese no es árbol, sino decadente esqueleto de miriñaque." Y el álamo, padre de las alamedas, guiñador sempiterno del caminante por la vibración de sus hojas bicoloras, dice del pino-pasarol: "Ese no es árbol, sino avestruz de larguísimo cuello, con cabeza como sombrilla." Total, que ninguno es árbol para otro árbol. El bambú se tapa la cara cuando ve a la higuera. El pirul y la encina se odian. Hay algo esencial que separa a la jacaranda del algarrobo, al almendro del plátano y al chirimoyo del laurel. Sería insensato querer sindicar a los árboles.

Alguien podría oponer a esta fábula que los árboles no tienen que entenderse entre sí. Que entre ellos no hay conflictos, y menos de orden intelectual, moral o estético. Pero yo contestaría primero con un "¡Ya, ya!" Y luego: "¿Que no hay conflictos entre los árboles? ¿Qué pasa en las selvas? ¿Qué pasa? Que la selva es confusión. Y que en esta confusión, los árboles que medran son los más fuertes, y las plantas que sobreviven son las más viciosas. Nunca será la selva un paradigma o ejemplo de concordia, sino de discordia." Hombres y árboles somos hijos de la naturaleza, somos de la misma naturaleza y hasta de la misma madera. Si hoy tenemos ciertos árboles delicados, finos, es porque a tiempo los apartamos de la malicia o maleza y ferocidad de la selva, y les buscamos parajes idóneos donde desarrollar con amplitud la calidad de su fruto o la belleza de su forma.

IX. EL TRABAJO DE PINTAR

Hay aprendices que se acercan al taller pensando que el pintar es simplemente trabajo, oficio; otros, que es puro juego, diversión; otros, finalmente, que es un modo de expresar ideas o sentimientos. ¿Cuáles están en lo cierto?

Ninguno, aunque, parcialmente, todos ellos; puesto que el pintar es, a la vez que un trabajo, un juego y un medio expresivo. Sólo acertará aquel aprendiz que, siendo trabajador, tenga don o gracia y cosas interesantes que expresar.

Que es un trabajo manual y visual, con desgaste nervioso, nadie puede negarlo. Cansa, rinde, extenúa. Y que tiene mucho de oficio tampoco lo niega nadie. Aunque ya el aprendiz no tenga que moler los colores ni preparar las telas, tendrá que adiestrarse en dibujar, componer, distribuir las masas, proporcionar, entonar y graduar, unir y separar las materias, y conseguir que el conjunto se vea de golpe, no por partes autónomas que nos mareen con sus llamadas particulares. Tan largo es esto del oficio y tan sujeto a fluctuaciones, que nunca se acaba. Siempre se puede añadir una conquista y desechar otra. Hay quienes suman dificultades y quienes eliminan facilidades.

Pero... ¡cuidado con esto!... La sobra de oficio puede conducir a esa pintura empalagosa, miniaturesca, de señorita, toda igual y sin carácter, que tanto agrada a los comerciantes de cuadros porque les permite decir a su cliente: "¡Vea cómo está hecho este encaje, y esta carita, y esta mesa!"

Por algo decía Cézanne: "Si notas que pintas muy bien con la mano derecha, empieza a pintar con la izquierda." Lo que vale tanto como decir: "Si vas por el camino del virtuosismo, válete de la mano torpe; que más vale el torpe por primitivo, cargado de lucha y de concentración, que toda esa facilidad vacía, floja de hoy."

Y es que hay algo más que el oficio: la gracia y el verbo. La gracia o espíritu con que eliges proporciones, colores y tonos. Justo lo que nadie puede enseñarnos. Porque copiando las proporciones, colores y armonías de otros pintores —aunque sean los máximos— no expresarás lo tuyo, tus preferencias íntimas, tu arte, sino el de aquéllos. Serás un copista, pero no un artista en el legítimo sentido de la palabra. No darás al mundo tu gracia, sino tu habilidad.

¿En qué consiste la gracia? Arriba la equiparé al espíritu; pero supongo que mi lector pide más claridad. Si digo que es el *quid*, el duende, el don misterioso, podré irle orientando hacia el concepto, pero tampoco lo habré definido. Pensemos en que la Iglesia dice de sus santos varones o elegidos: "recibió el don de la gracia", "está en gracia de Dios", "tal cosa fué un don gracioso". Gracioso aquí equivale a gratuito, a regalado, a lo que no cuesta. A algo que no es trabajo, sino especie de propina inherente al trabajo y que sale sin darnos cuenta. Es nuestra paloma, el avecica del espíritu, el vuelo y el garbo inseparable del verdadero arte.

El artista será verdadero artista si está, como los santos, asistido por la gracia. Y ese mismo artista, si no está en gracia un día, no dará fruto vivo, sino amojamado, sin sangre. Porque todos sabemos que no siempre acierta el hombre; no todas las obras de un pintor están igualmente bañadas por aquel don de gracia. Y esto nos prueba que no radica sólo en el trabajo u oficio el arte de pintar.

Esta gracia está latente o dispuesta a intervenir siempre, pero no sale más que tras larga o intensa concentración. Y entonces sale sin esfuerzo, traída naturalmente, con lógica fluidez; porque no se parece al chiste, que es brusco, sino a las modulaciones de un cuerpo bello. La gracia corre a través de la obra desde el momento en que se revela o se apodera de uno. Y la vemos asomarse a este tono, a este toque, a este rasgo del pincel, a este temblor luminoso, a este elemento formal o coloro que al fin cierra y aprieta la obra, dejándola intocable ya.

El don de gracia se exige al pintor, pero también a los demás creadores, sean poetas, novelistas, dramaturgos o cineastas. Y decimos de alguien: "Hoy está en vena, o está en mano", cuando vemos que de sus palabras o de su tarea viene a nosotros una especie de fulgor, aleteo, estremecimiento, poder mágico, o lo que sea, que nos calla sumisamente, o nos hace exclamar: estupendo, maravilloso, impresionante, divino, profundo. Cualidades espirituales todas. El juego y el oficio están en el pintor tan ligados que sin oficio no se consigue el juego, que es diversión, y sin diversión o goce no se consigue trabajo de valía, de sabor y trascendencia. Por esto es arte, no artesanía ni mecánica el pintar.

Lo triste es que el pintor incabal o incompleto siempre recurre a defender su falta de espíritu con esa tarabilla de pobre maestro: "Ante todo, el oficio". Y entienden por oficio cuatro reglas y manejos escolares; no las infinitas cosas que se presentan en la marcha de una obra. Lo mismo podrían decirle a un escritor; como si el escribir consistiera nada más que en saber tomar la pluma con soltura y lograr buena caligrafía, en escribir derecho y en no llenar de máculas el papel. ¿Qué dirá entonces ese infeliz del escritor que dicta, del escritor que elabora mentalmente la frase y no se sirve de la mano propia, sino de la mecanógrafa?

Todos, menos ese maestrillo, sabemos que el secreto de escribir está en algo más: en tener cosas que decir, y en decirlo con agudeza, eficacia, rotundidad, energía y brevedad. O con largura sabrosa; que también explayándose se consiguen belleza y emoción.

X. LOS PINTORES DE LA ESPAÑA NEGRA

La pintura siempre ha sido social; no habrá sido societaria o socialista, pero social, sí. Es un fenómeno que surge en la sociedad y va dirigido a ella. El pintor no sólo es un producto social: es un potenciador y proyector de la tónica y las preocupaciones sociales que le rodean. Por esto, sin querer pintar historia, nos dejan documentos históricos de un valor irrebatible. En Velázquez hay hasta verdaderas biografías. Y quien estudie bien a los grandes maestros sabrá más historia de la humanidad que quien sólo lea esos manuales soporíferos pergeñados a base de hechos políticos y guerreros.

Pues bien, lo mismo que mirando al Greco se entiende el estado social de la España de Felipe II, mirando a los pintores de la España Negra entendemos las épocas de María Cristina y de su hijo Alfonso XIII.

¿Quiénes eran estos pintores? Para ser breve: los que emparejan con los literatos del 98. De todos ellos sobresalen dos: Zuloaga (vasco) y Gutiérrez Solana (santanderino). Pero cuentan en fila los hermanos Zubiaurre (vascos), Ricardo Baroja, hermano de Pío (vasco), Arteta (vasco), Echevarría (vasco), Romero de Torres (cordobés), Vázquez Díaz (huelveño). Podría sumar otros nombres, si no condujese a confusiones; citar, por ejemplo, al catalán Nonell, de quien Picasso aprendió mucho en sus comienzos, sobre todo a fijarse en la vida de los desamparados, los caídos y vagabundos; pero su visión rebasa los límites españoles, es más universal.

Hasta hoy no nos damos perfecta cuenta de la relación íntima que hay entre este equipo de pintores y el equipo de los literatos intelectuales.

La primera nota común a unos y otros es la de tener una visión del país. No una visión comodona y resbaladiza, sino de hondura, de crítica. La visión que se logra después de ver y de reflexionar. Claro está que no todos tuvieron la acometividad y el descaro que los dos destacados, pero todos ellos miraron ya a los pintores de la generación anterior con el mismo desdén que los del 98 a don José Echegaray. Se hallaban en otro plano, les animaba una ideología, cosa insospechada por los pintores oficiales, profesores empingorotados y enriquecidos, como Sorolla, Moreno Carbonero, Sotomayor, Chicharro y Benedito. Este grupo, que llamaré de la Negra España, veía su patria desde un ángulo acomodaticio; no reparaba más que en lo sensual y agradable. Sorolla encontraba su solución en los juegos solares, en el encanto de las sombras iluminadas, los cuerpos bañados de sol y de mar, las velas marinas y los toldos en sus justos valores lumínicos. Su obra total no acusa el drama de España, el drama de mil pueblos empobrecidos que lucen un alcázar o castillo pero no tienen camas, comida, escuelas ni idea de nada; igual, igual que el hidalgo hambriento portador de una perla en su corbata sucia.

Y como Sorolla, los demás del grupo. Todos trabajaban para los cortesanos; y se ganaban no ya el pan sino el inmenso pastel de fiesta, pintando cacerías, flores, retratos presuntuosos, paisajes amenos, interpretaciones del Quijote y hasta tipos populares holandeses. Luego diré por qué llamo a este grupo de la "Negra España".

La otra nota común a los literatos y pintores intelectuales fué la de traer algo de poesía, de lirismo. Ante un cuadro de Zuloaga sentía la juventud de entonces no sólo la dura realidad española, sino estímulo para soñar, discutir, pensar, amar y desdeñar. Lo mismo que en las novelas y estampas literarias de Baroja y Azorín, o en los ensayos de Unamuno y de Ortega. La juventud hallaba en ellos vida, pasión, con el eterno juego y combate de amor y crítica, blandura y dureza, severidad y caricia.

En algo habían de coincidir, sin embargo, los capitanes de estos dos bandos, Zuloaga y Sorolla; ambos eran intransigentes. Al fin, españoles. No querían enterarse de lo que se pintaba por el mundo, no toleraban los ensayos franceses ni sus positivas conquistas. Debilidad, desconfianza aldeana que a ratos invadió también a Unamuno. Zuloaga repetía: "La pintura buena está en los museos", sin darse cuenta de que, a pesar de lo mucho que tragó del Greco y de Velázquez, es más hijo de su tiempo que de tales figuras. Y esto lo afirmo pensando no sólo en su visión moderna del pueblo español, sino también en su dibujo y en su paleta. Hasta el punto de poder insinuar que se notan como "pastiches" sus adherencias al pasado, sean posturas velazqueñas o nubarrones dramáticos a lo Greco. Y es que son vanos todos los esfuerzos del hombre por salirse de sus días. Si lo logra y llega a pintar como un antiguo, es que no tiene personalidad; si quiere y no puede, pierde su tiempo. Y el que pierde su tiempo no existe. Existirá para él, pero no para la cultura.

Esta no se interesa más que por aquello que le deja algo; algo que sumar a lo anteriormente conocido.

Crítica y poesía frente a mera sensualidad, en el mejor de los casos, y bobería en los restantes, es lo que distingue a los pintores de la España Negra y a los de la Negra España. Y ya es hora de que explique por qué llamo así a los de este grupo. Los llamo así porque pintando sin ahondar en la vida española ni en los esfuerzos profesionales del mundo pictórico internacional contribuían a la obra oscurantista de los políticos, a dejar sumidos en la ignorancia, la pobretería y la locura a todo el país. Ellos vivían felices en la charca negra, pero nos resultan ranas negras en la negra charca. Salvamos a Sorolla, es decir, Sorolla se salva, porque, pese a su tosquedad, tuvo genio, mano y riqueza de retina; pero los restantes no superaron en nada a los infinitos pintores de cacerías, bodegones, etc.

Respecto al escozor que produjo la obra de Zuloaga en la piel de la charca negra recordaré que el último monarca, al visitar la única o primera gran exposición del vasco en Madrid, expresó ante sus amistades que no le placían los cuadros, que aquellas eran visiones arbitrarias.

XI. GOYA LES ACOMPAÑABA

Regoyos, el paisajista vasco, había escrito sobre la España Negra; pero su pintura no abordó lo trágico español; por eso no lo mencioné antes. Su actitud desdeñosa fué acusada en ese escrito y en su modo de pintar, que se diría de una pureza franciscana si no enlazara con lo francés de su época. De todos modos, no se puede pensar en los pintores intelectuales y rebeldes a la ñoñería sin acordarse de él. Se le recuerda como despegado, esquivo, en una especie de presencia remota.

En cambio, Goya, muerto desde un siglo atrás, se hizo presente con un poderío mayor aún que en tiempos de Fernando VII. Y puede afirmarse rotundamente que acompaña en sus trabajos a las tres personalidades más eminentes del nuevo grupo: Zuloaga, Ricardo Baroja y J. G. Solana.

Cuando Zuloaga pinta toreros y plazas de aldeas, tiene a D. Francisco de Goya sentado en un rincón del estudio. Su mirada penetrante, entoldada por el entrecejo, cae sobre el lienzo a través de la mirada intelectual de Zuloaga, fundida con la de éste, convertida en intención, en crítica. Por eso los rasgos adquieren sentido caricaturesco, inflexiones de rabia.

Cuando Ricardo Baroja se inclina sobre la plancha de cobre para grabar esos paisajes de suburbio a punto de romper el alba, donde los elementos dramáticos son en total una valla, un farol y un hilo de agua sucia convertida en espejo delgado por la luz dudosa, D. Francisco atiende encorvado y los cuatro ojos van acudiendo a todos los requisitos del agua-fuerte.

Cuando José Gutiérrez Solana pinta sus fachosas mascaradas, sus verdi-negras procesiones y celajes medrosos, sus grupos de obispos, marinos viejos y señoras rancias, acartonados o momificados, en salas o ámbitos estrechos, sin aire vivo ni luz tierna, como encerrados en un fanal, D. Francisco, paladeando una copa de Cazalla, le asiste como le asistía el Espíritu Santo al pintor de Fiésole interpretando la Anunciación.

A principios del siglo XX, Goya andaba por el Ateneo, los estudios y las tertulias de cafés; estaba en las cabezas y las bocas de los intelectuales; se le enfocaba desde las revistas. Se le admiraba especialmente por haber descubierto la faz negra de la nación y haberla sabido expresar plásticamente con energía y abundancia, en lienzos, en grabados y en dibujos.

Lo curioso es ver hoy, a distancia, cómo operó Goya en estos pintores intelectuales. Porque es evidente que el "goyismo" de Zuloaga no se parece al de Solana. Yo diría que al primero se le queda en la cabeza; que es un goyismo de idea, más que de ejecución. Porque Zuloaga no renuncia nunca en sus figuras a un empaque, arrogancia y proporciones estatuarios. En cambio, el goyismo de Solana es de ejecución. A Solana no le importa que las figuras sean desgarbadas, chaparras o monstruosas; no busca la prestancia ni le importa; más bien le estorba. Ve la gente como muñecos de palo y como seres momificados que fueron en procesión, se vistieron de máscara o se sentaron a tomar café hace un siglo.

Solana no entiende en realidad el sentido crítico de lo goyesco ni de los primeros intelectuales. Le ocurre un fenómeno interesantísimo: llega a enamorarse de la España Negra. A vivir en la suciedad y el embrollo. Si volvió al Madrid de Franco, no fué por simpatía hacia éste, sino porque no podía vivir sin la cochambre, sin lo monstruoso y misterioso, sin la ignorancia negra. Se estuvo nutriendo de lo feo y disparatado de la vida durante tantos años que le fué imposible vivir en otro país, donde, si había también aspectos desagradables, no eran los suyos, los familiares.

Solana escribió libros que emparejan con sus cuadros en los temas, no en la calidad. La calidad de sus pinturas es muy superior a la de sus páginas literarias. Abro al azar el titulado *Madrid callejero*, y leo:

Entre estos traperos hay tipos admirables, de hombres ahorrativos y avaros; ellas, con su cara grasienta como rifeñas, con el pañuelo atado por la frente y caído en pico sobre la espalda, y la toquilla mugrienta atada muy baja, al vientre, que es lo que quieren tener más abrigado mientras lavan y dan de comer a los críos, *parecen figuras de madera de un nacimiento antiguo.*

He subrayado lo último porque asevera lo que dije en líneas anteriores. Y en la página siguiente escribe:

...detrás marcha una monja preceptora, y a su lado un tonto, ya muy crecido, con algo de bigote y chato; anda zambo y lleva los brazos torcidos y arqueados como los mancos, haciendo muchas contorsiones con la cabeza y babeando.

Se nota que quien escribe es pintor; un pintor que observa meticulosamente. Si pudiese copiar otros párrafos, se vería que se recrea en los detalles más sucios. Y no por "surrealismo", sino por verdadera obsesión enfermiza.

En resumen: Solana vive con fruición la España Negra. Esto es lo anómalo y contradictorio, puesto que se deriva de los intelectuales que nacieron al mundo literario y pictórico para censurar el estado de negrura en que se vivía.

Tal vez haya que buscar la explicación de este caso anómalo en el influjo de Gómez de la Serna. Trataré de explicarlo.

XII. LAS FLUCTUACIONES

Aunque los productos literarios y artísticos pertenezcan a un mundo superior, quien los mira a distancia y en su puro dinamismo ve que, para acomodarse en la cavidad del tiempo, describen las mismas curvas, ondulaciones, alzas y bajas que las aguas fangosas al atropellarse en un pozo ya colmado.

Las generaciones fluctúan no sólo unas en relación con las otras, sino en su seno mismo. La idea fundamental que animaba a la primera, tiende a zozobrar. Y esto, fundamentalmente, porque las artes viven en perpetua inquietud; viven.

Ramón Gómez de La Serna, naturaleza y cerebro exuberantes, aparece en el concierto literario como figura fuera de la línea del 98, dispuesta a lidiar por cosas de la imaginación únicamente, sin trasfondo político.

Ramón ha tocado infinitos resortes, literarios e incluso históricos. Pero ya desde sus comienzos está libre de la preocupación de España como problema. En cambio, le atrae en ella todo lo curioso, lo no visto, lo absurdo y misterioso, lo insospechable, la vida oculta en los despojos. Por algo una de sus primeras musas fué el "Rastro", sumidero de objetos arrumbados, que hermana con la "Lagunilla" de México. Ramón hizo de colibrí o chupamirtos en el Rastro. Le sorbió todas las esencias y se recreó en todos los pliegues de esta monstruosa flor urbana, con auténticos ojos de pintor. Con ojos de pintor y manos de prestidigitador, capaz de sacar a las cosas relaciones y parecidos sumamente curiosos.

Pero no se contenta con ello. Tiene afán de proselitismo: quiere que la juventud le siga. Se instala en Pombo, y celebra reuniones sabáticas en su "cripta" durante muchos años. Una de las columnas firmes de esa cripta fué Solana.

¿Influyó en el pintor la postura adoptada por el escritor? Yo no podré asegurar si mucho o poco, pero sí que hay entre ellos algo más que afinidad.

Ramón fué en España el paladín de la ventolera mundial artística que se levantó contra todas las formas caducas. Algunos paladines recurrieron al histrionismo y al funambulismo; no sólo buscaron chocar al público con actos personales, sino con sus obras. Y pusieron en ellas genialidad junto a modos de la nueva tendencia; destellos y aciertos, junto a nuevos trucos.

El punto de coincidencia de Ramón y de Solana es, para mí, lo esperpéntico; justamente lo que todos creímos descubierto por Valle-Inclán. Lo que descubrió éste fué el nombre de "esperpento", y el poder llevarlo a la obra dramática. Nadie se ha preguntado todavía por qué ruta llegó Valle a esta visión tragi-grotesca del mundo habiendo comenzado con una visión d'annunziana. Yo aventuro que por la ruta de Solana y de Ramón. Y con esto señalo otra vez hacia aquellos movimientos de acomodación que hay entre las obras de los contemporáneos aunque pertenezcan a distintas generaciones. Aquí, la generación joven influye sobre la vieja.

Flujo y reflujo, como en el mar, hay en la vida artística; y para citar un caso inverso diré que Ortega, elogiando a Ramón en un momento dado, le tiró de la rienda y lo amansó. Al reconocer su talento públicamente, lo atrajo a sí. Desde entonces, aunque siguió haciendo greguerías, ya miró a los del 98 sin hostilidad, como a hermanos mayores. Y se puso a escribir para todos, para el gran público, a la vez que para la inmensa minoría.

¿No hay esta misma duplicidad en Solana? Se diría que pinta unas veces para Goya y otras para Ramón. Que hay en su "goyismo" mucho "pelelismo". Que, en su negrura goyesca, las figuras son peleles asombrados y estáticos. Verdaderos esperpentos. Ésta fué su manera de deshumanizar, de encuadrarse en la época y de alejarse de los del 98.

A medida que avanzo en este esbozo histórico me van acudiendo aspectos insospechados. Las grandes fluctuaciones de entonces se debieron al choque tácito de dos mundos. Con el representado por Gómez de la Serna ocurrió lo que con el del 98: atacó los fundamentos del grupo anterior. Los

de la España Negra se burlaron de los de la Negra España,
y los ramonianos desdeñaron a los de la España Negra. Pero
los unos influyeron en los otros y éstos en aquéllos. Todos
nos influímos claramente al contacto de codos. Hay unas
fluctuaciones imperceptibles, porque los del 98 están en pleno
vigor cuando ya pelea el grupo juvenil. Ellos pueden asimilar todavía cosas del orden nuevo, y a la vez ofrecen elementos en sus obras que operan sobre los jóvenes. El trenzado incesante, el anillamiento de los productos que se creían
más dispares se verifica a todas horas. La rebeldía y la
moderación, mano a mano, en los periódicos y revistas, iba
creando otra generación pos-ramoniana, con otro temple, porque sumaba ya las experiencias de dos interesantes generaciones. Como los nombres pueden aclarar conceptos, pensemos en que durante veinte años han estado produciendo al
unísono, Azorín, Ramón y García Lorca. Detrás de estos
tres representantes de tres generaciones literarias, cada quien
puede escribir otros nombres. Como detrás de los nombres
de Sorolla, Zuloaga y Solana pueden fijarse otros. Y el
decir "detrás" no significa jerarquía en este caso; no significa valor o altura, sino militación en este grupo, en el otro o
en el tercero. Grupos sin capitanes. Grupos por ideología
o por espíritu.

XIII. EL JUEGO POLÍTICO-LITERARIO

La vida literaria y artística de Madrid desde el 98 hasta el
36 tiene, naturalmente, su juego, su combate y su política.
Su política propiamente literaria, al margen de la nacional.
Vemos que los afines se agrupan y que los no afines quedan
excluídos.

Cerrarse como en los juegos; quedarse los que sienten el juego y excluir a los otros; constituir grupos, fundar revistas, hablar en las peñas literarias, censurar y apoyar, esto es la política, el combate y el juego en que hemos participado años y años. Los unos con acritud y espíritu belicoso; los otros con generosidad creadora nada más, sin polémicas ni agresividades.

Pero el exclusivismo resulta cosa agresiva para los excluídos. Y éstos tachan de aristócratas a los exclusivistas, que primeramente fueron los "intelectuales" del 98 y, luego, los "juanramonianos", los del "arte puro" y los que llamaré "alacres", o generación alegre, donde incluyo lo mismo a Ramón Gómez de La Serna que a García Lorca, Dalí, Buñuel y Alberti.

El exclusivismo es cosa de aristócratas, no cabe duda, pero la aristocracia de estas generaciones es muy otra que la de los nobles encasillados en las Guías de Sociedad. A éstos no les importa el cambio o la mejora del espíritu público, de los modos de pensar y escribir, de las costumbres y la alimentación nacional. Muy al contrario, les aterran los cambios.

"Queremos ser otra cosa que ustedes", dicen los del 98 a los del *Madrid Cómico,* por cifrar en éstos la manera de pensar y sentir de la España del Desastre. Y este grito cunde en la vida cultural. Y surge el Centro de Estudios Históricos, que quiere y logra un modo de trabajar más serio que el de la Universidad: y surge la Residencia de Estudiantes, que "quiere" ser otra cosa que las casas de huéspedes y colegios del montón; y surgen grupos en las provincias, que también se apartan de los literatos tradicionales y de los modos rutinarios de estudiar.

Quienes llamaron "aristócratas" a los nuevos grupos eran, pues, unos despistados o unos felones. E hicieron su daño, como pudo verse al estallar la revolución del 36. Entonces, la ola demagógica quiso acabar con las instituciones citadas, coincidiendo en esto con el "franquismo", que acabó con ellas o las modificó de raíz. Ni una demagogia ni otra pudo comprender o admitir que el propósito de tales "aristócratas" era enderezar lo torcido y llevar la creación y la enseñanza por las vías mejores para la mejora de todos y de todo.

He mezclado aquí la política literaria con la pedagógica porque ambas operan dentro del ámbito cultural y porque creo posible una estética en la educación y una educación en lo literario y artístico. Unamuno hizo una bella labor educativa escribiendo, y Alberto Jiménez hizo una labor estética desde su centro pedagógico de la Residencia de Estudiantes. Ya llegará el día en que se pondere y valore seriamente el "juego" literario y pedagógico de esta época española. En las últimas hojas que han salido del frondoso amigo, de España y mío, Alfonso Reyes, se lee: "Eran los felices días de aquel «Madrid ateniense» (como solía decir el inolvidable Valle-Inclán), al que me he referido en «El reverso de un libro», *Pasado inmediato*, y al que se refiere también Moreno Villa en sus Memorias".

Sí, gran Alfonso; sí, gran D. Ramón; y sí, perspicaz Genaro Estrada, eso del "Madrid ateniense" fué verdad, y fué posible por el juego político-literario y el juego político-pedagógico, rico, abundante, movido, de una nueva España que, desgraciadamente, se acabó. Pasó a la Historia.

Y, contra la voluntad de los despistados de entonces y de los felones de entonces y de hoy, la Historia de España de ese período está hecha por los intelectuales, los modernistas, los juanramonianos, los "puros", los "alacres", los ultraístas, etc. Ellos son la Historia en ese período, con sus ideas y sus juegos sagrados. Ni falangistas ni cavernícolas podrán escribir de ese período una sola línea verdadera sin los nombres nuestros; no de ellos, nuestros. Porque Don Santiago Ramón y Cajal era nuestro, y Costa, y Achúcarro, y Pío del Río-Hortega, y Blas Cabrera, y Bolívar, y D. Ramón Menéndez Pidal, y Unamuno, y Picasso, y Azorín, y Baroja, y Ortega, y Valle-Inclán, y Pérez de Ayala. No importa que algunos de los recién citados estén hoy en la península. La vejez y mil circunstancias hacen guiñapos a los hombres y dejan de ser lo que fueron. Pero todos los citados contribuyeron a formar aquel ambiente ateniense. Todos jugaron bien en su momento de plenitud. Algunos, además, nacieron apolíticos, y *no entienden otro juego que el de su trabajo.* Ni otra política que la de su trabajo. Así explico los casos de Menéndez Pidal, Baroja y Azorín. ¿Que esta explicación no es válida en la zona de la pura o neta política? Ya lo sé. Pero hay valores humanos que no los borran ni las equivocaciones políticas. Y esos antiguos valores que fueron nuestros y están en España seguirán haciendo su obra, pero sin ambiente propicio, casi en el vacío, asfixiados, aunque no lo digan. Ya se acabó aquel juego político-literario. Acaso libren otro. No lo conozco.

XIV. LOS ALACRES

Ciertas actividades humanas permiten la fusión de estos dos términos: trabajo y juego. Así ocurre con la pintura y la literatura principalmente. De ambas se puede decir que son juegos trabajosos o trabajos divertidos.

Ahora bien, hay que fijarse en sobre cuál de los términos cae el sustantivo y sobre cuál el adjetivo; porque el sustantivo nos indicará qué espíritu domina. Y yo creo que la literatura y la pintura fueron para los hombres del 98 "trabajos divertidos", mientras para los "alacres" "juegos trabajosos".

Gómez de la Serna dice al comienzo de un trabajo que publicó el año 1925 bajo el título de *Las dramáticas chimeneas:*

Todo es ironía. Sea este apotegma siempre como la invocación suprema, antes de pensar en nada, tanto ante la tragedia como ante la comedia de la vida.

Fiel a esa "ironía" de entonces, hoy escribe en una de sus últimas obras:

"Hace muchos años que estaba deseando publicar un libro bajo el título castizo de *Trampantojos.*" Y todos exclamamos: ¡Exacto! ¡Viva la sinceridad! La Academia dice que tal palabra viene de trampa ante ojo, y la define así: "Ilusión, trampa, enredo o artificio con que se engaña a uno haciéndole ver lo que no es".

Aquella ironía de antaño y este trampantojo de hoy son la misma cosa, y son la base del humorista, del hombre que juega con las reflexiones y que presenta la realidad bajo apariencias insospechadas precisamente porque las somete al antojo y la trampa de su ingenio.

Si dejando a este Sumo Sacerdote de la alacridad, pasamos a Giménez Caballero, veremos que en sus aseveraciones hay también trampantojo e ironía. Dice en *Julepe de menta:*

Los hombres del 98 cantaron Castilla con voz de Réquiem, con acento de Te Deum. Con alma de funcionarios de Castilla: curas y militares; esto es, de sacerdotes.

Y más adelante:

...Unamuno, Ortega, Azorín, Baroja, Ayala, Machado y Juan Ramón tienen almas de cura y de soldado.

Tales afirmaciones no pueden tomarse en serio, naturalmente. El humorista esquiva el cuerpo de la verdad o la somete a un esguince, a una torcedura para sorprendernos con un escorzo inesperado, sorprendente. Todo lo sacrifica a la sorpresa, al ingenio, al juego.

¿Se va viendo cómo el juego es lo sustantivo en los alacres?

Y pasamos a otro autor, a Fernando Vela, ensayista que se bambolea entre la severidad intelectual de Ortega y la alacridad de Ramón. Recojo algunas frases de su libro *El arte al cubo*. Habla de la «Sinfonieta» de Ernesto Halffter:

Un día oí a Halffter exclamar ante *Les Musiciens* de Picasso: "¡Esto es, esto es!" Quería decir: "Esto debe ser". Yo me represento los once solistas de su Sinfonieta como once musiciens de Picasso. No es posible escuchar el tiempo más sereno de esta Sinfonieta, el *adagio*, sin percibir la formidable *burla* latente. Su magnífico *crescendo* se burla de su propia sublimidad antigua, creada a propósito, por la voz de una constante disonancia. Antes era el momento que pudiéramos llamar la apoteosis irónica del trino clásico.

Y agregaré otras dos frases que siguen poco después:

Música ha sido por mucho tiempo sinónimo de melancolía, lirismo triste, encanto mágico... Pero esta música nueva es clara, alegre, y salta y danza equilibrada sobre la cuerda del ritmo.

Muchas más citas podrían aducirse, pero basta con las muestras, porque son elocuentísimas. La ironía, el juego, el atrevimiento, incluso el descaro campea en la producción de los alacres, generación que en España representa la alacridad mundial, cuyos paladines fueron Picasso, Marinetti, Cocteau, etc. Generación rebelde, revolucionaria, que simpatiza con la revolución bolchevique. ¡Qué raro hace, sin embargo, ver que algunos de estos alegres revolucionarios militan hoy en las filas más retrógradas! Y que la alegría aquella, natural en toda buena revolución, se ha trocado en odio. ¡Pensar que aquel Dalí, sadista, desintegrador moral, tremebundo en sus orígenes surrealistas, vive, y vive magníficamente, de "lambisconear" a los millonarios "gringos"! Razón tiene el francés Breton para no nombrarlo sino con el mote de "Avida-dolars".

Con la guerra española del 36 se acaba el predominio de los alacres, pero no han muerto muchos de sus campeones; y nadie les desea la muerte. Murió, sin embargo uno que tuvo, dentro del grupo español una fisonomía muy peculiar, Federico García Lorca. Siendo alacre, no fué ironista en el fondo, ni desintegrador, ni verdaderamente revolucionario. Su alegría fué de corza, e iba trenzada con la melancolía de aquel delfín citado por Góngora:

> Delfín que sigue en agua corza en tierra.

Nada he dicho del influjo que tuvo esta generación sobre todo el ambiente español, sobre los mayores y los menores. Tampoco he dicho nada de su intenso trabajo. Por hoy, recordemos que Azorín escribe "¡Brandy, mucho Brandy!" y recontemos los libros publicados por Ramón. El título de Azorín es un contagio alacre; el número de volúmenes de Ramón es una patente de laboriosidad sin par.

XV. LOS LANZADORES DE TEMAS

Los intelectuales han sido, dentro del campo de la filosofía, unos lanzadores de temas. Y los llamo así porque los temas pueden convertirse en *discos*, y a los que tiran o arrojan éstos se les llama lanzadores. Los intelectuales deberían instalar en sus mesas de trabajo una estatuilla del famoso Discóbolo de Mirón. ¡Qué coincidencia!, hasta el nombre de este escultor griego les viene al pelo.

En España, los intelectuales del 98 lanzaron muchos y nuevos temas, enriqueciendo así la vida cultural. Sus nuevos discos sonaban en los cafés como pesetas y duros limpios, recién acuñados.

No reparemos en los "monederos falsos" ni en los lanzadores medianos o francamente débiles. Los manuales de literatura del mañana no apuntarán otros que los campeones, los cuales serán Unamuno, Ortega, Costa, como grandes lanzadores de temas nacionales e internacionales, propios o adquiridos, y luego, como lanzadores buenos, pero con menos repertorio de discos, Azorín, Manuel B. Cossío y D. Francisco Giner.

Reúno a estos tres porque los considero lanzadores del tema "Castilla". Los maestros Giner y Cossío lo lanzarán pedagógicamente, desde el recato escolar de la Institución famosa y combatida. Pero vendrá luego Azorín y lo lanzará a los cuatro vientos con el lentificado ritmo de su prosa; y vendrá también Antonio Machado a lanzarlo con el tono de su voz severa y rítmica. La prosa del uno y los versos del otro harán llegar a toda clase de gente lo que los viejos maestros musitaban en sus fervorosas lecciones y charlas: el amor y la preocupación por Castilla; por su pobreza y su arte, por su paisaje, por su tradición, por su nobleza y adormecimiento, por mil motivos.

No me extraña nada que Ramón Iglesia diga en un artículo recién publicado por *Cuadernos Americanos* que los intelectuales del 98 fueron unos conservadores. Lo fueron.

Pero en parte. Como lo fué Galdós, el socialista y anticlerical. Hay gente que no comprende esto, y estoy tentado de aconsejarles que consideren lo siguiente: Galdós, anticlerical, saca en casi todas sus novelas figuras sacerdotales admirables y variadísimas. ¿Cómo es posible esto? Pues porque se puede ser anticlerical y bondadoso, comprensivo, sencillamente humano. Y se puede ser revolucionario a la vez que conservador. Los rusos no han destruído sus museos ni arrasado por gusto sus pueblos; no han barrido con sus leyendas ni con sus magníficos escritores anteriores a la época actual. Todos somos conservadores desde cierto ángulo. Otra cosa sería acabar con la civilización, con lo acumulado por el espíritu.

Lo que ocurre es que el revolucionarismo de hoy es otro que el de ayer, más reducido. Se ciñe al problema económico. Es lo económico lo que nos revoluciona por encima de todo. Lo cual no quita que haya otras revoluciones. Y que haya revolucionarios encargados de velar por cosas que consideramos básicas para seguir viviendo como hombres. Si durante aquellos terribles meses del 36 no hubiera habido conservadores entre los republicanos, ¿a dónde habría ido el caudal de cuadros de los museos y de particulares en Madrid?

Que Unamuno era conservador, ¿quién lo duda? Empezaba por querer conservar su vida eternamente. Y hablaba de su Salamanca como habla de su cortijo un hacendado conservador. Y hablaba de "mi" España lo mismo. Con ese pronombre posesivo que tanto emplean las madres españolas aludiendo a su hijo, esto es, a lo más entrañable y doloroso de perder. Unamuno llegaba a más, quería apoderarse de Dios, hacerlo suyo, como los místicos.

Que Ortega y Gasset era y es conservador, ¿quién lo duda? Siempre ha defendido la aristocracia espiritual, aunque a veces, como hace poco —si es verdad lo que cuentan—, la sangre no precisamente aristocrática le asome.

Y lo mismo digo de los demás. Pero también digo que todos fueron revolucionarios dentro de lo suyo y de sus días mejores: Giner en la Enseñanza; Cossío, en la Pedagogía y la Historia del Arte; Azorín, en la prosa; Costa en sus luchas por la Despensa y la Escuela.

En su tiempo, fueron todos magníficos Discóbolos. Y no hay que embrollar las cosas exigiéndoles a los de ayer el criterio revolucionario de la revolución proletaria. En este sentido, Pablo Iglesias resulta más joven que Antonio Machado, muerto fuera de su patria por haber querido correr la suerte de los republicanos. Murió con "los rojos" sin ser comunista, y, a mi entender, bastante conservador y bastante revolucionario.

Pero, amigos, es que hay conservadores y conservadores, como hay revolucionarios de muchas categorías.

XVI. INVENTORES Y EXHUMADORES

En el campo literario hay siempre dos tendencias discrepantes. (Pienso en la manera de escribir, no en otra cosa.) La tendencia del que habiendo asimilado el vocabulario de su mundo y de su época, lo maneja con soltura y lo enriquece sin trabas pedantes, con gran sentido del idioma; y la tendencia del que rehuye todo lo que suene a callejero y se dedica a escarbar en las fosas literarias para ir labrando con parsimonia de ensartador de cuentas frases alambicadas. A mí me parece detestable el estilo exhumatorio; me aburre y me hace pensar en que quien lo utiliza es un hombre vacío, sin sustancia medular. Pero conozco muchos lectores que sienten gusto casi espasmódico leyendo páginas llenas de vocablos que no entienden, pero les suenan como preciosas campanillitas; vocablos que por su rareza les parecen maravillas alcanzables únicamente por los grandes genios. Tales lectores, si alguna vez tienen que escribir algo, caen en ridículas aberraciones. Dicen, por ejemplo: "Tengo el beneplácito de invitar a usted", por huir de decir: "Tengo el gusto o el honor".

Entre los literatos españoles, Galdós y Baroja son magníficos representantes de la tendencia llana y creadora, y tal vez a ello se deba su fecundidad y su profunda gracia.

Leyendo recientemente el *Angel Guerra*, del primero, anoté las dos frases que siguen:

La impulsología humana —valga la palabra— está por descubrir.

...y que quiera que no quiera le hago vomitar todo el ateísmo y toda la libre pensaduría.

Esto de la "libre pensaduría" me hizo mucha gracia, y me reí de pensar en la poca que le haría a los melindrosos exhumadores llamados estilistas.

Galdós se libra de las dificultades como un hombre del pueblo porque tiene sentido del idioma. Cuando le hace falta una palabra inexistente, la inventa. Y la invención viene llena de sustancia, y hasta con su pizca de ironía. No va a buscar el neologismo a Francia ni a la cultura alemana. Sabe encontrar agarradero en la materia idiomática española. No le arredra tampoco escribir frases coloquiales, hechas y retehechas, cosa que parece nefanda a los melindrosos.

Pensando en éstos, me hago la siguiente reflexión: Si ellos salen de paseo al campo y llegan a un río, ¿rehuirán pasar por el puente, por ser común?

Esto de no utilizar los puentes creados por la sabiduría del pueblo se llama cursilería, falso aristocratismo. Y no conduce más que a crearse dificultades pueriles y creárselas al lector. Paraliza la fluidez del pensamiento.

Ahora que parece retoñar en España la literatura novelística, veo con gusto la manera de escribir de los noveles: Carmen Laforet y Camilo José Cela. Ella sigue la línea de la sencillez clásica, del lenguaje vivo y directo, sin exhumaciones palabreras. Con la verdad lexicográfica de una Santa Teresa. Él, no tanto. Sus exigencias son más complejas. Se ve que elabora las frases con el doble deseo de ser claro y de ser brillante. Debe de haber leído mucho a Valle-Inclán y a Pérez de Ayala. Pero no es un exhumador de palabras. Es un escritor de gran equilibrio estilístico. Tiene intensidad, sustancia y rigor verbal. Véase este párrafo, sobre todo el modo de cerrarlo:

> Por el camino hicimos alto tal vez hasta media docena de veces, por ver de refrescarnos un poco, y ahora me acuerdo con extrañeza y mucho me da que cavilar el pararme a pensar en aquel rapto que nos diera a los dos de liarnos a cosechar margaritas para ponérnoslas uno al otro, en la cabeza. A los recién casados parece como si les volviera de repente todo el candor de la infancia.

Llevo leído sólo un libro de Cela, *La familia de Pascual Duarte*, del cual es lo transcrito. Es una novela dura también, como la *Nada* de Carmen Laforet. Escrita con los nervios de punta, como corresponde a una generación incubada en estos tiempos crueles. Pero me temo que en otros libros de este autor se marque cierto amaneramiento y tendencia más acordes con los llamados exhumadores que con los inventores. No por el rebuscamiento de palabras, sino por los giros y el ritmo. Ya veremos.

XVII. TRIUNFADORES APLASTANTES

En el mundo hay mucha gente laboriosa, ya se sabe, aunque también algunos vagos. Y tal vez para la mayoría de aquéllos sea desconsolador comprobar que el trabajo no reporta a todos el mismo beneficio. Que la laboriosidad de unos pocos es premiada no sólo con harto dinero, sino con gloria; mientras a los demás, si les alcanza para vivir, se han de dar por satisfechos.

De tales sentimientos han nacido las luchas sociales, y todos los días se escriben infinidad de artículos, libros y conferencias removiéndolos, ahondando en ellos, encauzándolos o tratando de barrerlos de la conciencia. Yo me permito evocarlos para que me sirvan de preámbulo. Sin tales verdades de a montón no podría escribir dos palabras sobre las tres figuras aplastantes que llevan cubriendo casi medio siglo con sus obras; verdaderas montañas humanas que todos tenemos que ver o topar si queremos movernos. Estas tres figuras montuosas son: Lenin, Freud y Picasso. (Y allá va el tema para los discutidores.)

Los tres son discutidos; y el que dure tantos años la discusión es lo que se convierte en fenómeno interesante.

Los tres han sido laboriosos hasta la locura; pero esto no les hubiera bastado. El mundo está lleno de hombres que a fuerza de amor a su trabajo se hacen maniáticos. Para ser montaña humana hace falta algo más que trabajo y juego, y a ese algo da lo mismo llamarle destello que gracia, fortuna o genio.

Tampoco es decisivo un cierto matiz del carácter, como la simpatía o don de gente. Ni el lugar de la tierra en que se nace. La cara mongólica de Lenin hace pensar en un carácter concentrado; la de Freud inspira confianza; la de Picasso recuerda la estatuaria romana mientras más envejece; tal vez en su juventud estuviera este aspecto velado por un aire algo gitano. El uno nace en Simbirsk, Rusia; el segundo, en Viena, Austria; el tercero, en Málaga, España. Con estas tres montañas humanas queda trazada una diagonal en toda Europa, de Oriente a Occidente, como si hubiese surgido un monstruoso espinazo espiritual.

Espinazo volcánico. El uno es volcán que enciende la hoguera proletaria y revoluciona el mundo; el segundo revoluciona una parte de la medicina con su invitación a penetrar en el volcán de la psiquis, o sea con el psicoanálisis; el tercero rompe con la línea rutinaria de la pintura y se lanza denodada y temerariamente a la captación de sorpresas o de cosas no expresadas ni vislumbradas todavía.

Yo no entro ahora en la estimativa de estos valores universales; me ciño al fenómeno social ya expresado; a la increíble penetración de sus obras en la sociedad contemporánea y a la interminable discusión que promueven. Millones de almas pronuncian sus nombres o lo escriben cada día y cada hora. Los minutos de un cuarto de siglo, casi de medio siglo, están recibiendo sin parar los impactos de sus nombres. ¿No es algo extraordinario? ¿Cabe mayor gloria? Alcanzan la categoría de dioses por el hecho de estar en todas las bocas a cualquiera hora del día y de la noche. No se les reza ni se les implora, pero se les siente.

Hay muchas montañas humanas en la Historia, incluso en nuestros días. Ahí están Bernard Shaw, Einstein, Chaplin, otros tres grandes triunfadores sobre la muerte. ¿Viven tan intensamente en las conversaciones del mundo culto? ¿Promueven revuelos y revoluciones permanentes sus obras? Todos podemos vivir sin su constante presencia; son volcanes en lejanía; mientras que los otros tres son volcanes presentes a toda hora desde hace treinta o cuarenta años. Volcanes que aplastan.

A muchos hombres laboriosos pero poco afortunados les molesta o encocora este fenómeno. Aunque no lo crean, son unos envidiosos. Recatan su ambición. Trabajan por el lucro y la gloria. No comprenden que se trabaje desinteresadamente, por amor puro a la materia que tenemos en las manos, sea pintura, investigación anímica o problema social. Y sólo así, con amor apasionado a algo, se alcanzan las otras cosas, las que ellos envidian.

Claro es que al laborioso desinteresado y sin fortuna o suerte también puede atormentarle la pregunta de ¿por qué no me toca nunca la china a mí? Pero esto del porqué se me escapa. Se nos escapa. A lo más que llego es a decirle: porque trabajas con los ojos vendados, como quien juega a la gallina ciega. Piensa en que una de las cosas más importantes para ser montaña humana es enfocar bien la realidad desde el principio. La mayoría de nosotros anda vendada y tropezando con lo que no busca.

XVIII. INSTANTES MUSICALES CON GARCÍA LORCA

Me piden un trabajo para una revista musical. Si estuviera a mi lado Federico, se reiría entrepitosamente y recordaríamos el viejo cuplé zarzuelero que comenzaba: "Este es el mundo al revés"...

Pero si yo le dijera en seguida: "Oiga usted, Federico, ¿y si ese artículo fuese la remoción de los instantes musicales que usted me hizo vivir?", Federico, entonces, poniéndose de pie —parándose, que es lo correcto en México—, exultaría: "Magnífico, saldrá un primor".

Con su seguro beneplácito, pues, retrotraigo mi pensamiento a los lugares donde le oí tañer la guitarra o el piano y cantar con aquella mala pero emotiva voz, carrasposa y sembrada de afonías. Voz que muchas veces me hizo pensar si, para llegar al sentimiento ajeno, la perfección del instrumento importa muy relativamente. Claro está que esas muchas veces me dije también: los educados, los de oídos finos, no se satisfacen sino con la técnica perfecta. Pasaron de la fase primaria a la culta.

Musicalmente inculto, como soy, pero apegado desde la niñez al cante jondo y a las tonadillas que refrescan las gargantas femeninas andaluzas, los ratos vespertinos y nocturnos pasados con Federico y pocos amigos más me sacaban de mis casillas materialmente, me desencajaban, me revolvían los recuerdos, los primeros amores platónicos, los primeros atardeceres sentidos con toda la circulación de la sangre en los campos andaluces, la melancolía de la juventud y no sé cuántas cosas.

Nos reuníamos en el salón de conferencias de la Residencia de Estudiantes o en alguno de nuestros cuartos; en el de Prados, en el de Federico y en el de Bello, más comúnmente. Cito estos nombres porque acaso vuelvan a salir en esta evocación. En el salón estaba el piano; en los cuartos, la guitarra. Ángel del Río, el profesor hoy de Columbia University, ha reproducido en su estudio sobre García Lorca, una caricatura que le hice a Federico sentado al piano. Caricatura desaparecida aquella misma noche y resurgida inesperadamente al cabo de los años.

Federico era muy músico. Tocaba el piano muy bien, tenía un extenso repertorio de cosas clásicas. Se había criado junto al piano de Falla, le había seguido de mayor en sus creaciones, compartiendo todo o casi todo lo que esto lleva consigo de meditación, enfoque, suma de factores, eliminación de adherencias, resonancias populares, alardes técnicos refinados, etc. Con él aprendió a escuchar y recoger del pueblo lo sabroso.

Federico se sentaba, pues, como un maestro, con pleno dominio, esto lo notábamos todos en seguida. No importaba que entre pieza y pieza hiciera chistes y diabluras como un chico; recobraba el dominio en cuanto depositaba la yema de un dedo sobre las teclas. Tal vez la fascinación que producía Federico venía de la conjugación feliz de lo culto y lo popular, lo primario, infantil y fresco enredado con lo reflexivo y riguroso. Tal cosa es, por lo demás, muy andaluza y puede comprobarse en el torero, como en el cantaor o la bailaora. Alternan el frenesí dionisíaco y la severa actuación. Pasan del chiste al ¡ay! Del juego, a la muerte. De lo rústico y semisalvaje, a lo más exquisito y depurado por la tradición. Es lo que no comprenderá nunca el europeo; es lo que entiende el americano.

Después de tocar Chopin, o Schubert o Mozart, Debussy, Ravel o Falla, este viejo amigo que hoy lo recuerda le pedía que se metiese de lleno con las tonadillas del XVIII, que iba coleccionando en sus viajes por Andalucía. ¡Qué maravillosa transfiguración se operaba en él y repercutía en nosotros! Ya no miraba las teclas. Levantaba la cabeza, cambiaba la mirada, de perdida en picante, de divagada en precisa, quebraba hacia atrás la cintura, alargaba los brazos, sonreía con su gran boca iluminada y cantaba aquello de "Corre que te pillo, corre que te alcanzo, corre que te lleno, la cara de barro". Y después, todas esas que arregló para la Argentinita y corren en discos por el mundo.

A la tercera o cuarta vez que yo se las oí cantar, le dije delante de algunos amigos: "Óigame, Federico, lo que usted debe hacer es cantar todo eso en público. La gente debe quedar extasiada, como ahora nosotros".

Al principio lo tomó a broma, pero su colaboración ulterior con la bailarina obedeció sin duda a nuestras sugestiones.

Con la guitarra era distinto. La congregación de amigos era también menor. Entre otras cosas, porque al cante jondo se llega más difícilmente que a la tonadilla. Requiere cierta dosis de gitanería en la sangre, saber lo que es la pena, la malita pena y esa muerte siempre delante que no es muerte, sino estarse muriendo sin parar. Requiere haber oído a los "buenos" y saber distinguir no ya las muchas variedades o tipos de coplas, sino las inflexiones, modulaciones y, en suma, claro-oscuro del cante jondo.

Federico no tenía garganta para lanzar seguidillas, soleares y todo lo serio del "jondo". Pero entonaba maravillosamente otras cosas. Las que mejor recuerdo son el romance que figura en uno de sus libros:

> ¿Qué es aquello que reluce
> por los altos ventanales?
> Es un gitanito muerto, etc.

y la copla que dice:

> Eres como el correo de Vélez,
> que en cayendo cuatro gotas
> se le mojan los papeles.

Como complemento al estudio de Ángel del Río, citado antes, Federico de Onís publica algunas de las canciones recogidas y armonizadas por García Lorca: "Los cuatro muleros", "Las tres hojas", "Los mozos de Monleón", "Las morillas de Jaén", "Sevillanas", "El café de Chinitas", "Nana de Sevilla", "Los peregrinitos", "Zorongo", "Romance de Don Boiso", "Los Reyes de la baraja", "La Tarara", "Canciones" y lo que más me impresionaba de todo, el "Anda jaleo", con su "No salgas, paloma, al campo; mira que soy cazador, y si te tiro y te mato, para mí será el dolor".

No me basta decir que Federico era muy músico. Hay muchas maneras de serlo. Se puede ser músico con la cabeza, escribiendo, investigando, incluso componiendo. Yo traté bastante al erudito Rafael Mitjana, y después a Salazar, Torner y Bal y Gay. Los cuatro amaron o aman con legítima pasión la música; podemos decir que viven para ella, que les ofrendan casi todas las horas del día. Cosa que no puedo decir de García Lorca, el cual, sin embargo, era tan músico, por lo menos, como ellos.

Yo diría que Federico era un alma musical de nacimiento, de raíz, de herencia milenaria. La llevaba en la sangre, como la llevaba la "Argentina" o la llevaron "Juan Brevas" y Chacón.

Se puede ser músico con las manos, con la boca y hasta *con los pies*. Se puede ser un magnífico profesor de música y no ser músico a la manera del poeta granadino.

La diferencia estriba en serlo por vocación y estudio, o serlo por fatalidad, por inflexible ley genésica. Federico daba la impresión de que manaba música, de que todo era música en su persona. Sus sonrisas y sus risas, lo mismo que sus iniciativas vitales o teatrales. Éste era su verdadero secreto o poder fascinador. Despedía música. Y si su muerte ha parecido más lamentable que la de otros literatos españoles, atribúyase a ese don mágico. Nadie podrá explicarse que un pueblo elimine un elemento humano que fué su deleite, su verdadero encanto, su perfume insustituible.

Tan vivo era este poder suyo que bastaba nombrarle, estando ausente, para sentirse invadido de alegría musical. "¡Federico sale de Granada; mañana lo tenemos aquí!", gritaba alguien en la Residencia como quien ve acercarse una alegre cabalgata sonora.

No hay boleto ni pase que tenga un valor tan universal como éste que portaba García Lorca. Por ello se le abrían las puertas de Cuba, Nueva York o La Argentina con la misma facilidad que las de la Residencia, en Madrid. Tener un alma musical es ser un Don Juan del mundo, un conquistador involuntario.

A pesar de mi empeño por ser claro, creo que lo de "alma musical" no basta tampoco. Su alma musical era muy distinta de la de los grandes músicos creadores que uno ha conocido. Era un alma musical popular, retozona y desesperada al mismo tiempo, sin la pedantería de la música sabia, pero con el brío de la manzanilla y del tomillo, con la noble franqueza del toro y con la intimidad de una mesa de camilla.

Fijémonos en estos tres rasgos: brío, franqueza, intimidad. Ellos se pueden sustituir por estos otros: rumbo, campechanía y sentimentalismo. De todas maneras, aquellos o éstos lo sitúan en lo popular.

Ahora bien: lo popular suyo iba enlazado maravillosamente con el tradicional señorío andaluz. Y gracias a este enlace, no cayó en lo populachero ni en lo señoritil.

Vayamos ahora sumando lo dicho: alma musical, popular y señorial, briosa, franca, íntima, o garbosa, campechana y sentimental. Con su garbo, prestaba al sentimentalismo un giro moderno que le apartaba de lo cursi cuando ya iba a caer en sus garras. Total, un alma bien templada para vivir con holgura en los medios sociales más variados. La música de su alma no era para un grupo ni cenáculo reducido; llegaba a todos. Por esto triunfaba en el cuartito del estudiante, en el mesón campesino, en la sala aristocrática, en la terraza del café, a la orilla del mar, en las cumbres serranas y en el seno del Albaicín.

Cuando comparo la personalidad de Lorca con las de otros poetas contemporáneos me parece asistir a un espectáculo de magia, cuya esencia consiste en acentuar extremosamente la jugosidad humana de Federico y la sequedad individual de los restantes. A su lado, todos resultamos de palo. Y lo atribuyo a falta de música.

Los poetas españoles de mi tiempo no han sido ni siquiera aficionados a ella. Unamuno gritó en su día: "Música, no". A Machado (Antonio) jamás le vi en un concierto. Verdad que yo tampoco iba a muchos. Pérez de Ayala creo que hizo notar esta característica de su generación. Valle-Inclán, aunque escribió sus "Sonatas", no fué socio de ninguna Filarmónica. El único que recuerdo como afecto a ella es Juan Ramón Jiménez.

Tal vez en las generaciones posteriores se encuentren más. Desde luego Gerardo Diego y Cernuda. Pero ¿manan música? Sabrán o se deleitarán con ella, pero no la irradian.

Llegados a este punto, cabe preguntarse: ¿Hay relación entre la capacidad musical del hombre y su simpatía humana? ¿Estará en relación directa lo uno con lo otro?

En Federico, la musicalidad fué humanidad, fué calor humano. Yo no voy a negarle a Unamuno, ni a los demás poetas citados, capacidad para enfrentarse con los sentimientos y problemas del hombre de una manera lírica; pero al considerar su sequedad en el trato diario con el hombre me pregunto si no les faltaría esa musicalidad sanguínea que era tan desbordante en García Lorca. Sólo con ella se puede escribir aquel delicioso "Pequeño vals vienés" donde se destacan tales versos:

> Toma este vals con la boca cerrada.
> Toma este vals de dolida cintura...
> Toma este vals que agoniza en mis brazos...
> Toma este vals del "Te quiero siempre"...

XIX. JIMENEZ, DON ALBERTO, ALBERTO

Acogido en la Universidad de Oxford desde 1936 vive uno de los españoles que, sin trompetería ni reclamo, hicieron una labor profunda en la educación española durante el período culminante de nuestra cultura. Período que viene a quedar encerrado entre los paréntesis de dos catástrofes: la pérdida de Cuba y la pérdida de la libertad espiritual en la península.

Su nombre sospecho que es poco *popular* en América. (De los gringos nos viene esto de usar popular por famoso, ilustre, conocido de toda persona culta.)

Teniendo esto en cuenta, encabezo la presente nota con los tres modos de llamarle. Jiménez le llamaban las personas mayores no ligadas a él por gran amistad, o francamente opuestas a él; Don Alberto le llamaban los estudiantes que vivían en la famosa *Residencia* (Madrid, Pinar 18); Alberto le llamábamos los verdaderos y antiguos amigos.

Desde hoy en adelante van a conocerle, y a fondo, todos los americanos que se interesen por la historia de la Universidad Española y, en general, por la vida espiritual de un núcleo humano tan importante como el español a través de los tiempos. Van a poder conocerle porque ha publicado el Colegio de México un libro suyo, creo que su primer libro grande. Y este libro está escrito con un sentido de ponderación, claridad y buen gusto que le hará clásico.

No voy a resumir la obra, ni reseñarla siquiera. Ello es cosa de otras páginas. Me propongo hablar del hombre y del amigo.

Le conocí en Málaga a principios de siglo. De allí éramos los dos. En 1908 lo encontré en Londres y pasé con él quince días en la misma "boarding-house". Andaba entonces leyendo a Carlyle, entre otros. Yo venía de Alemania con mi Goethe, mi Heine, mi Mombert y mi Stefan George. Cada uno tenía sus problemas; él me pareció más orientado que yo. Sobre todo más seguro de sí mismo y con un ideal en la cabeza. Tendría entonces 23 años o 24. Yo, 21.

Al año siguiente fundamos en Málaga una revista intelectual y literaria, que duró escasamente un año. El promotor y animador era él. Hicimos también una colecta para costear el viaje de Unamuno a Málaga. Imprimimos las conferencias con que nos regaló a unos cuantos y desconcertó al resto. Después volvió Jiménez a Inglaterra, a estudiar el espíritu de los Colegios ingleses. Un año después ya estaba en Madrid, como yo. Atraviesa todavía una época de lucha interior, pero su vocación se manifiesta con firmeza. Ya está relacionado con Don Francisco Giner y con Cossío. Es amigo de Ortega, de Onís, de Zulueta. Todos ellos deseaban reformar a fondo la Universidad Española. El destino eligió a Castillejo y a Jiménez para que fuesen los realizadores de las ideas reformadoras que habían ido incubando en la Institución. Había que hacer una Universidad fuera de la existente, fuera de la oficial; sin aspecto rival. Lo importante era crear laboratorios y centros de cultura donde se trabajase seriamente y donde se fuese preparando a una juventud capaz de dirigir lo que fuese. Hacer ciudadanos completos, capaces, morales, fuertes, optimistas, creadores.

Castillejo, secretario de la llamada *Junta de Pensiones* para ir al extranjero, hizo una labor increíble, que nunca le agradecerá bastante la nación. Ya ha muerto, en el destierro londinense, el año 45.

Jiménez se encargó de fundar la Residencia de Estudiantes, que llegó a ser puesta como ejemplo en toda la Europa mejor. Desde el año 1917 hasta el 36 he vivido en ella; y dice Jiménez que ayudándole. En mi *Vida en claro* le dedico páginas; no todas las que merece. Allí transcurrieron mis años mejores; y allí asistí muy de cerca a toda la tremenda lucha que Jiménez tenía que sostener con la solapada política de los enemigos. La Residencia fué un Colegio original que poco a poco se impuso. Jiménez fué con el tiempo director de otras tres. A él se debe también la creación del Comité Hispano-Inglés de Relaciones Culturales. A Jiménez le ayudan con su presencia y su actuación Cajal, Menéndez Pidal, Cossío, Ortega y Gasset, Morente, Cabrera, Bolívar, Pío del Río Hortega. Su talento, su rectitud moral, su lealtad y dedicación absoluta a la obra le sumaron la simpatía y el respeto de los más altos valores internacionales en literatura, ciencias, filosofía. Todos ellos venían a la Residencia con lo más interesante que tenían en el telar. La cátedra de la Residencia tuvo resonancia mundial. Y la labor educativa y administrativa infundía cariño y admiración en el país, a la gente en general y a los políticos. Era una institución invulnerable gracias a la rectitud e inteligencia de ese hombre que se llama Alberto Jiménez. Su obra

educativa es hoy imitada por los que más le combatieron,
como dice Ortega en su *Misión de la Universidad* publicada
en Prinston.

XX. DE BERGSON Y DE VALÉRY

Pienso ahora en estas dos figuras de la cultura francesa porque el libro de Jiménez, *Ocaso y restauración* (tercero y último volumen de su ensayo sobre la Universidad Española), me las hace presentes.

Ha tenido Jiménez la buena idea, la delicadeza, de cerrar su libro con lo que llama "Apéndice lírico". En él recoge algunas de las muchas cosas que los poetas y filósofos dijeron o escribieron sobre la Residencia o en ella. De H. Bergson reproduce la alocución dirigida a los estudiantes; de Valéry, los versos con que respondió a un envío de rosas que le hizo Juan Ramón Jiménez. (Este Jiménez no es hermano de Alberto, aunque lo sean espiritualmente en algunos aspectos, por ejemplo, en el afán depurador y en la tenacidad.)

Estoy viendo a Bergson plantado en el suelo arenisco, de lija, que caracteriza a la capital de España. El contraste con aquel suelo no puede ser mayor. Bergson era más bien bajo y menudito. El estuche preciso para encerrar el espíritu. Vestía chaqué negro, pantalón oscuro y rayado, un cuello almidonado y cerrado como puño de camisa, más un sombrero hongo.

La voz de Bergson era un poco meliflua, de tono medio, bien timbrada e insinuante. Salía de su cuerpo con dulzura y cuidado. Y el cuerpo subrayaba esto inclinándose ligeramente. En sus ojos había chispa y humedad. Eran ojos claros y muy juntos, como es frecuente en los de su raza. Las proporciones del rostro y del cráneo se ajustaban a las de todo su cuerpo fino.

Desde aquí, donde escribo, y desde ahora, tan lejos de aquel entonces, me parece inconcebible su figura en un ambiente como el de Madrid, luminoso y crudo. Y el contraste me mueve a risa. Y la risa me lleva como de la mano otra vez al filósofo que se ocupó de ella.

Le veo sobre la tarima de aquel salón lleno de gente ávida, inquieta de perder detalle, mirona y escuchadora, que alargaba los cuellos como avecicas en nido.

Y le oigo todavía estas palabras que lamento no transcribir en su idioma:

Ciertas naciones son naciones nobles. Yo llamo "nobles" a las naciones que han conservado algo del ideal caballeresco, que ponen el derecho encima de la fuerza, que creen en la justicia y conocen la generosidad. Francia y España son naciones así.

Lo mismo que existe una cota de altura material para los diversos lugares de la tierra, así hay una cota de altura moral para los diversos pueblos que la habitan. Ellos están situados moralmente a niveles distintos. Las naciones cuyo nivel moral es el mismo, las naciones que están situadas a la misma altura moral, sobre el mismo plano moral, están destinadas a encontrarse y a caminar juntas.

Siento haber perdido el dibujo que le hice durante la alocución. Hubiera completado este esbozo verbal.

Tampoco tengo el que le hice a Paul Valéry. Pero este dibujo a pluma se salvó porque fué reproducido en varias revistas, acá y allá.

Valéry tenía muy diferente empaque. Resultaba más hombre de salón. Se movía sueltamente en sociedad. Hablaba fogosamente y le gustaba acodarse en las repisas de las chimeneas como si fuesen a retratarle las damas admiradoras; cosa que daba risa a Max Jacob, otro espíritu francés que conocí en la Residencia.

A Valéry parecía que se le iban a salir los ojos; tan abultados y a flor de cara los tenía. Y eran ojos cargados de lágrimas. De lágrimas encendidas. No se si bebía. Nunca lo vi beber. Pero le recuerdo como ebrio. Me dejó la

impresión de un hombre dionisíaco; de un hombre que sometía su temperamento febril a un rigorismo de lógica. También su poesía me resultó siempre como encorsetada.

Cuando Juan Ramón le envió un manojo de rosas, el hombre se quedó un poco perplejo, pero después, reaccionando ante los informes de Alberto, escribió:

A Juan Ramón Jiménez que me envió tan preciosas rosas.

    ...Voici la porte refermée.
    Prison des roses de quelqu'un?...

La suprise avec le parfum
Me font une chambre charmée...

Seul et non seul, entre ces murs,
Dans l'air les présents les plus purs,
Fort douceur et gloire muette...
J'y respire un autre poéte.

PENSANDO EN CONTEMPORÁNEOS ESPAÑOLES

AUTOBIOGRAFÍAS Y MEMORIAS DE ESPAÑOLES EN EL SIGLO XX

Hay trabajos literarios que se hacen por debilidad o condescendencia más que por iniciativa propia. Así me sucede con éste. Lo solicita una entidad como el Ateneo, para completar un ciclo de conferencias sobre la Literatura española en la primera mitad del siglo XX y no he querido negarme a pesar de lo impreparado que me sentía.

En el año 44 publicó el Colegio de México mi autobiografía titulada *Vida en claro* que comencé a fines del 40. En ella aludí a lo poco frecuente que era entre españoles dar al público libros de este tipo, tan abundantes en otros países. No recordaba otro antecedente al mío, entre los escritores modernos, que el de Unamuno, titulado *Recuerdos de niñez y mocedad*. Libro que no había vuelto a leer desde su publicación hasta que el compromiso de hoy me lo ha impuesto, y *La arboleda perdida* de Alberti, que no pasa de un conato de memorias.

En mi *Vida en claro*, al asentar ese hecho concreto y característico de la ausencia casi total de autobiografías, alenté con alguna frase a los escritores para que venciesen las reservas tradicionales y entraran en el campo de la confesión o repaso gustoso de la propia vida.

No sé si les llegó mi soplo, o si ellos obedecieron a ese fenómeno de sincronismo que se observa muchas veces en la vida intelectual y literaria. Autores que no se conocen, que viven muy lejos unos de otros y difieren en estilo literario y vital, sin saberse por qué, coinciden y producen obras paralelas.

El hecho es que, poco después de mi autobiografía, empiezan a publicarse las memorias de Pío Baroja, que ya van por el séptimo tomo y ostentan el título *Desde la última vuelta del camino;* en seguida, o simultáneamente, Ramón Gómez de la Serna lanza su *Automoribundia,* y finalmente, Azorín sus *Memorias inmemoriales.*

El fenómeno es muy curioso y tendrá que señalarse mañana en la Historias literarias como brote inusitado en el mundo hispánico. En México mismo asoma con el poeta González Martínez, y me consta que Alfonso Reyes tiene también algunos capítulos de Memorias.

La invitación del Ateneo me obligó desde el primer momento a comparar estos libros unos con otros no desde el plano de los valores literarios, sino de concepto inicial. En seguida me di cuenta de que no abundaban las autobiografías; que casi todas eran memorias.

Entre memorias y autobiografías hay parentesco; mucha gente las toma como hermanas, pero acaso no lleguen a primas. En las memorias se escamotea precisamente la indagación del yo, el proceso evolutivo interno y externo del hombre, la confesión o intimidad. En las memorias, aunque se deje traslucir a veces algo de todo esto, predomina el cuento, la narración de los hechos vividos, las anécdotas y tropiezos con la gente y las cosas externas a uno.

"DESDE LA ÚLTIMA VUELTA DEL CAMINO"

Baroja, en el prólogo a su quinto volumen, finge un diálogo con una señorita que le dice:

—¿Sabe usted que he leído el primer tomo de sus Memorias?
—¡Ah! ¿sí?
—Sí. No comprendo por qué se dedica usted a la chismografía.
—Yo supongo que todas las Memorias son un poco anécdota y otro poco chismografía.
—No; yo creo que una persona con afición por su oficio ha

tenido que sacar alguna consecuencia de su trabajo, y parece lógico que la diga con más o menos palabras.
—Pues mire usted: yo andaba huyendo precisamente de esa pedagogía.
—¿Por qué? No creo que hay que huir de nada.
—Usted es muy valiente porque no tiene más que veintidós o veintitrés años.
—No, veinticuatro.
—Bien. Es una edad en que se puede tener cierto heroísmo, pero yo no estoy en edad de grandezas.

Este trozo del diálogo nos revela que Baroja, como todos los españoles, rehuye el autoexamen, le teme a la confesión pública.

Lo comprendo muy bien. Yo también me topaba con el mismo recato al ir redactando mi autobiografía; pero traté de ir revelando mi modo de ser o de reaccionar valiéndome de los ambientes cuando no encontraba el modo de decir lo que quería con la eficacia necesaria.

Esto no quiere decir que considero mi autobiografía como ejemplar, sino que hay en ella un intento, un esfuerzo en el sentido de verme y de expresarme. Si no he ahondado más fué por incapacidad, no por falta de voluntad.

En cuanto a ese huir de la pedagogía habría mucho que hablar. Un autor como Baroja, que sobre haber sido muy curioso, ha vivido de emitir juicios tajantes sobre hechos y personas, es un censor, y por derivación un pedagogo; quiéralo o no. Baroja no se da cuenta o lo disimula, pero él influyó más que nadie durante cierto tiempo en la juventud española. Que no se salga por la tangente. Y su pedagogía cundió más que la de Unamuno, a quien llamaban maestro. Cundía más porque el troquel de sus aseveraciones estaba al alcance de la juventud, era más fácil de imitar, menos complicado, y con un desgarre chulesco, vertical, que sólo puede explicarse estilísticamente comparándolo con el tono categórico del madrileño castizo: "Pues *pa* mí, que nieva".

Sí, Baroja se reirá mañana, si lee esto que pienso, pero es un pedagogo fundamental, y ha sido maestro mío —con algunos otros— en esto de escribir con sencillez y claridad. Seré más cuidadoso en los giros, pero le debo la franqueza expresiva, la liberación del castelarismo, la precisión.

Y como se la debo, le digo que abusa en sus Memorias de algunos trucos que a lo largo fatigan demasiado. El mayor acaso éste: "A mí como político no me parece gran cosa; ahora, como escritor, me parece muy poco interesante." Este truco de "a mí como... me parece", puesto cada tres renglones, porque a cada tres renglones aparece otro personaje, fatiga demasiado. "A mí no me pareció mal que el Rey quisiera hablar con Blasco Ibañez, ni que Blasco fuera a Palacio."

Baroja presume de ser veraz. "En mí, la veracidad no es sólo un convencimiento, sino una técnica."

Creo que sí, pero con salvedades. A veces la pasión le hace tomar por verdad lo que no es exacto. ¿Por qué demuestra acá y allá desdén por la pintura y le dedica más de cien páginas en el tomo cuarto? ¿Por qué hace la siguiente afirmación?:

Tanto Giner de los Ríos como don Manuel Bartolomé Cossío, sentían gran entusiasmo por la pintura, y un cierto desprecio por la literatura y la música.

¿De dónde saca esto? Musicófilos hasta las cachas eran los dos, y Cossío recitaba poemas incluso en italiano con una maestría impresionante. Uno y otro estaban al corriente de lo literario español y extranjero. Me parece que aquí no ha sido muy veraz. El magisterio de aquellos dos hombres era de vocación y profundo entusiasmo, muy completo, y nada profesional o de rutina. Las artes todas eran básicas para ellos en la educación.

¿Le pasará a Baroja con la veracidad lo mismo que con el desdén? Difícilmente hay un desdeñoso mayor que él en el montón ingente de escritores mundiales. Desdeña a los filósofos, a los escritores, sean novelistas, poetas, dramaturgos o ensayistas, desdeña a los pintores y escultores, pero vive de ellos. A todos los trata como pingos. Los agarra, los mira, repara que tienen el pelo así, los pies asado, la nariz respingona o colgante y como profesor intransigente va diciendo: "Éste a la cesta, este otro a la m., éste a la p. y éste al demonio."

En la nómina seguida y pesada de sus tipos, poquísimos son los que se salvan. De estos pocos recuerdo a Maragall, Verlaine, Dickens, Stendhal, Dostoiewski, Regoyos, Azorín, Bécquer. Pocos más que no recuerdo.

¿No habrá en este desdén suyo, como en su veracidad, un convencimiento y, además una técnica? Creo que sí; que ya es un sistema.

Pudiera ser que analizando el carácter de sus elegidos llegáramos a una conclusión; pero no tengo ahora tiempo para ello.

No puedo desviarme hacia el estudio de Baroja en su totalidad; mi compromiso de hoy consiste en decir algo sobre sus Memorias.

Ya he tocado dos puntos neurálgicos de su estilo: el afán de veracidad y el desdén. El afán de veracidad debe presidir la tarea de quien escribe sus memorias porque —quiéralo o no— es un historiador. Leyendo estas Memorias sacamos la impresión de que el autor ha conocido a mucha gente, a infinidad de tipos de toda calaña, muy especialmente a literatos, artistas, hombres de ciencia y demás notabilidades. Pero también se saca la impresión de que los ha tratado poco, de refilón nada más, sin haber trabado amistad con ninguno. ¿Es que siendo así se puede emitir juicios tajantes sobre las personas? Yo doy por supuesto en Baroja un poder de penetración extraordinario y una capacidad para elegir el rasgo definitorio de un carácter, pero veo que esos poderes le fallan acá y allá, y precisamente porque se confía demasiado en las rápidas impresiones. Para ser veraz en el juicio sobre una persona hay que ir sumando impresiones; no basta un encuentro esporádico, ni una frase sorprendida. Baroja se contenta con esto para hacer sus retratos y así no pasan de ser notas pintorescas, divertidas a veces, pero no documentos para el mañana.

Se zafará de este reparo diciendo que no le importan el mañana o el erudito; pero esto sería otra arbitrariedad de mero curioso.

En algún sitio dice precisamente: "Yo soy un curioso y un escritor poco tradicional". Está bien, pero hasta para ser curioso hay que insistir y acumular observaciones. Acordémonos de uno de sus más admirados escritores, Dostoiewski, y sin salirnos de la península, de Galdós. ¿Cómo pintan a sus tipos? Por acumulación de detalles característicos. Lo fatigante en Baroja se debe a que los tipos se suceden unos a otros rápidamente, porque los despacha con un par de rasgos. Y así tiene montones de páginas que aburren como leer una nómina burocrática.

Respecto al desdén, quién sabe si no es el legado de Nietzsche, tan admirado por los del 98 en sus comienzos. Desdén, altivez, creencia en la superhombría. Una novedad cortante, que separa a los nuevos escritores de los tradicionales y que se perpetúa en las generaciones siguientes. Superhombría en Unamuno, en Baroja, en Maeztu, en Ortega. Con modalidades y acentos propios, naturalmente. Muy diferente de la altivez de Valle-Inclán, basada en valores literarios, pintorescos o extravagantes. ¿Que presumía de haber sido general en México? Bueno... para reír. ¿Que se soñaba marqués? A nadie ofendía con eso. Su altivez no tenía nada de la soberbia intelectual germánica bebida por los otros.

No hace mucho leí en el prólogo escrito por Ortega al *Tratado de montería* del Conde de Yebes, esta frase típicamente nietzscheniana:

> Pero es menester que la gente deje de ser bestia y acierte a estremecerse cuando es hora de temblar, que no es sólo de la muerte, sino siempre que hay a la vista algún síntoma de soberana humanidad.

A través de esa "soberana humanidad" se ve al superhombre, y en el calificativo "bestia", toda la soberbia intelectual de quien se siente mayoral de ganadería.

Ya sé que ese tono de soberbia es toda una técnica literaria; pero es una técnica que humilla al prójimo. Por esto los intelectuales de ese primer grupo fueron recibidos con hostilidad; y si se impusieron a la larga fué por otros verdaderos valores: enciclopedismo y galanura literaria en Ortega, debate moral consigo mismo en Unamuno; insatisfacción salpicada de humorismo descarnado y directo en Baroja.

Es curioso notar que la inyección de super-hombría produjo en Azorín y en Baroja efectos contrarios y hasta contradictorios. Azorín se convirtió en un pequeño filósofo, en un Fray Angélico ante la vida quieta de los pueblos, en un humilde contemplador del tiempo que pasa cargado de eternidad.

Y en Baroja, algo por el estilo. De vagabundo humilde se califica a sí mismo en una ocasión. Y creo que hablaba con sinceridad y veracidad. Creo que es más bondadoso y humilde de lo que la gente cree por sus libros; que su hosquedad y desdén son armas técnicas por un lado, pero por otro son consecuencia humana, legítima y perfecta de quien pone muy alto el punto de mira, de quien aspira a ser claro como el manantial y quien quisiera que las obras humanas, científicas, literarias o sociales, fuesen perfectas. Juzga a los demás según ciertos paradigmas, muy pocos, y si no alcanzan la talla, los arroja por el balcón. A lo bravo, y con técnica de ogro, para impresionar. Y precisamente por ser tímido.

En alguna parte se le escapa decir que a él le gusta que le cuiden y mimen como a un gato. Lo creo. Siempre me pareció que debía ser así: hombre hogareño, rodeado de personas buenas y finas, discutiendo sobre libros, personas y cosas, y no dejándose arrollar por la vida. Un hombre a la defensiva, como buen tímido. Parapetado en su obra y asomándose a la calle, a los pueblos, a los libros y a la ciencia como un curioso que quiere captar el fondo de muchas cosas y se desespera porque muchas de ellas no se pueden esquematizar y reducir a expresiones sencillas o de lenguaje tragable por el público.

Yo le he tratado algo. Durante uno o dos años paseaba con él y con Azorín unas horas todas las tardes. Le tomé afecto y este afecto no se me borra con el tiempo y la distancia. De no haber encontrado en él esa condición de sabia humildad profunda no le estimaría como le estimo ni meditaría sobre sus obras.

Algo me ha enseñado. Y como entre ese algo está el hablar con claridad, voy a decir sobre sus Memorias algunas frases que tal vez parezcan duras para dichas por un amigo.

Me parecen abusivas, en primer lugar, por incluir tomos enteros que no son memorias, sino obras independientes: el tomo sexto se llama *Reportajes*, y el quinto se titula *Sobre la intuición y el estilo*.

Me parecen abusivas porque hay en ellas más reflexiones que datos de hechos o de situaciones.

Me parecen mezquinas cuando toman a un escritor ya muerto, como Salaverría, y lo trata como a un pingo a lo largo de un tomo. También revela mezquindad el haber guardado los recortes de todos los periódicos y sacarlos a relucir cuando hace el arqueo de su existencia.

En resumen: me resultan estas memorias muy inferiores a todos sus libros; no me arrastran a proseguir.

"AUTOMORIBUNDIA"

Yo no sé cómo serán los otros libros de Ramón Gómez de la Serna, porque los que intenté leer hace años me fatigaban a las pocas páginas. No me sujetaba, a pesar de sus chispazos de ingenio. Las greguerías encadenadas me rendían. Sueltas pudieron sorprenderme, o hacerme reír; en ristra, no podía con ellas. Un diente de ajo en las migas sabe rico; pero muchos dientes seguidos y sin migas no le caen bien a nadie.

Ahora, en *Automoribundia,* aquellos ajos se ofrecen como condimento, y las migas están a pedir de boca. La greguería, que campaba a sus anchas, se somete a las frases de andar por casa. Imágenes, metáforas y paradojas se funden con las ideas de sentido recto, y sentimos que la poesía y la imaginación están en el fondo o flotando sobre la realidad más diaria y a la mano. El pastel está amasado con la verdad y se ofrece al gusto público sin la petulancia de los años mozos.

El libro me conquistó desde el primer capítulo, el del parto. Creo que desde mi primera lectura del Quijote ningún libro me hizo reír así. Lo cual es mucho, sobre todo en estos tiempos de monsergas y pedantería. Y sentimos brotar una fuente de agradecimiento para quien es capaz de sacarnos de tanta fatuidad ambiente y tanta lobreguez a fuerza de observaciones finas, de recuerdos minuciosos y veraces que, por esta misma condición de veraces, tienen carga humorística o dramática; profundidad humana sin alarde.

Sorprende ver cómo hasta la muerte pasa por estas páginas alacres sin teñirlas con su color de hueso desenterrado.

Todo, todo lo imaginable se nos va presentando con una frescura de tallo recién brotado. Ramón rehace o revive su vida muy al pormenor. Y las escenas más pueriles adquieren fuerza o interés porque su sabiduría de hombre maduro las redondea, realza o afila. El recuerdo borroso —o el no recuerdo— se ve así perfilado y perfecto gracias a los detalles lógicos o deductivos que la experiencia le permite agregar.

Algunas de las verdades que presenta parece, sin embargo, que están en la cuerda floja, o que son como esas fosforescencias que vemos bajo los párpados cerrados y que si insistimos en precisarlas o fijarlas se desvanecen. Son verdades inestables, en un equilibrio a punto de perderse. Un ejemplo:

> El niño se suele creer un hombre de categoría y se sueña barbudo, con "makferland" y sombrero de copa. La paradoja de la vida es esa. Entonces nos matan los hombres para que después nos maten los niños. Vivimos la vida en contradicción de momentos, y somos hombres cuando somos niños y niños cuando somos hombres.

En estas frases, el autor ha titubeado, ha estado a punto de no poder guardar el equilibrio. El momento mayor de crisis está al decir: "Entonces nos matan los hombres para que después nos maten los niños." Pero se ha dado cuenta de la inestabilidad de esta frase, y remacha: "Vivimos la vida en contradicción de momentos, y somos hombres cuando somos niños y niños cuando somos hombres".

Esto le puede ocurrir a Ramón por el apresuramiento con que escribe, pero otras veces creo que es un fenómeno explicable por su técnica de apresar conjuntamente lo entrevisto en sueños y la verdad palpable. Técnica que presta a la narración un indudable encanto poético. Técnica que permite fundir tiempos diferentes —pasado, presente y futuro— y recomponer con los datos de la experiencia los momentos imprecisos del pretérito o de la vida onírica.

Tal técnica no puede ser gustada sino por paladares refinados y por cabezas resistentes a la acumulación de finas observaciones. Es una consecuencia de la greguería; y aunque vencida en este libro, se yergue de vez en cuando y amenaza con fatigar. Es cuestión de medida; la tensión del espíritu exige treguas, frases de descanso, es decir, no tanta nota aguda y concentrada. Es lo ya dicho: meter demasiados dientes de ajos en las migas.

He aquí unos trozos apuntados:

Hablando del potaje —de la época del potaje—, dice:

Pero esto pasaba pronto, y volvíamos a ese artículo de fe español que es el cocido, con su hueso, con su tocino —medio imberbe siempre—, y como en recuerdo del pollo, como flotación y supervivencia del recuerdo de que hay aves sustanciosas en el mundo: dos medias patas de gallina.

En este ejemplo no hay sobrecarga; pero sí la carga suficiente para distinguirlo de cualquier trozo de prosa vieja. Se diría que la cabeza del escritor moderno del cual es exponente Ramón vive en una tensión más alta y con una prisa más acentuada para colocar todas las referencias y relaciones posibles sobre el objeto principal. En esto es inacabable Ramón Gómez de la Serna. Todo lo que sigue en la página 86, sobre la gallina, es de una riqueza suculenta.

Otro ejemplo:

Un día de aquel tiempo —eran las tres de la tarde— estaba al balcón de la sala, subido en sus zancos de hierro, obsesionado con la guerra de los yanquis, cuando bajé el escalón de hierro y, como si hubiese tenido un ataque de telepatía, le dije a mi padre con costernación: "Han tomado Santiago... Hemos perdido la guerra.

En efecto, unas horas más tarde apareció el extraordinario de *El Imparcial* con la noticia catastrófica, final del imperio colonial de España, que por último iba a respirar sola y tranquila.

Desde el ángulo de aquel balcón, como niño delirante y suicida, miré con profunda pasión la España que quedaba, mal revocada, virolosa, y me pareció como si la fila de mendigos que a la caída del sol se formaba frente al Refugio de San Antonio, que estaba frente por frente de mi casa, llegase a ser una hilera interminable.

En este ejemplo comprobamos lo que dije antes sobre la técnica de fundir tiempos o momentos, o de acoplar la emoción infantil con el juicio del hombre maduro hecho, a lo mejor, al repasar los sucesos en revistas antiguas.

Pero también nos enseña otra cosa: la manera de entender y desarrollar su autobiografía. Muy otra que la de Baroja, la de Azorín o la mía. Y no digo que la de Unamuno.

Ramón echa mano de todas las pequeñas anécdotas de su niñez y las reviste y sustantiva con los datos de observación directa adquiridos en su constante mironería callejera y retrospección en su celda de alquimista.

Lo mismo habla de cuando su tía se lavaba el pelo —día fatal— como de no pararse en un puesto de periódicos al ir a la escuela porque en las mañanas neblinosas se asomaba su padre al balcón para verlos entrar en la escuela.

Lo que no podemos pedirle es que se detenga ante problemas o preocupaciones de orden filosófico, moral, social o de trascendencia humana. Esto cae fuera de su órbita. Como el sentimentalismo. A veces parece que roza el romanticismo, pero se zafa con una pirueta a lo Charlot.

Hubo un momento en que para mí era este hombre como hermano del gran humorista de la pantalla. Y todavía, en las fotos que reproduce en *Automoribundia,* reveo la similitud.

No me es posible detenerme ahora en ciertos vocablos que por lo extraños le caracterizan. He apuntado algunos en la lectura detenida de las 150 páginas primeras que he hecho para poder hablar hoy aquí. Diré que los más raros me parecen los terminados en *al*: corazonal, vacacional, sarcofagal, incognital. Es muy amigo de tales desinencias, que aunque tengan representantes acreditados en español, como abismal, sepulcral, letal, original, fatal y mortal, me suenan bárbaramente.

Hay otras que también producen cierto desagrado: socarración, soliviantación, recuadrería. Pero es preciso ir ahora a lo principal, al cariz propio de esta autobiografía, tan diferente de las otras.

Gómez de la Serna se enfrenta con su vida a los sesenta años como se enfrentó con la vida en general al principio de su carrera literaria. Si no pudiera parecer despectivo, diría que como un coleccionista. Pero vamos a ver lo que él entiende por VIDA.

En un momento, en la página 98, nos dice:

¿Cómo meter la cabeza en el sueño y en la vida?
La duda era si vivía yo o si vivía la vida impersonal y prestada a través de mí.
Llegué a descubrir a duras penas que el vivir era, no el haber resucitado, sino el haber dejado de estar muerto y recontar las losas de las aceras durante una temporada.
Por eso también tenía la costumbre de recorrer las calles tocando el zócalo de las fachadas. Era mi principal placer reconocer la arista de las esquinas —sólo en las esquinas se encuentra la liberación— como reconocedor del mundo...
Toda la vida me había de defender de todos los engaños esa evidencia de la piedra. ¡No estar engañado! ¡La gran ilusión!

Estas primeras frases nos orientan algo ya; nos presentan al niño como ser indeciso y temeroso de engaño, que para tranquilizarse gusta de tocar. Es lo del Apóstol que necesita poner el dedo en la llaga. Pero sigamos leyéndole:

Apenas sabía cosas como esas, y mi sentimiento dorsal es que iba a pedirle la verdad a la vida y no me iba a contentar sino con el leal consentimiento de los corazones, despreciando lo demás.
Modesto, desinteresado, aunque me quedase tan chiquitín como era, no reclamaba a la vida más que lo único que me era inestimable: la ilusión de verdad, de franqueza...

Estos otros dos parrafitos subrayan lo de aquel temor al engaño. Lo que quería de la vida era la verdad. El concepto se sigue ampliando más adelante:

...yo diría que ya estaba dispuesto a lo que después ha sido toda mi vida y todo mi arte, una disposición sin ningún prejuicio a aceptar la parte clara y la parte oscura de la vida con igual acuciamiento, pero procurando que lo sensiblero no impusiese su amanerado argumento a lo que iba viendo.

Esta última parte de la frase es muy importante; equivale a decir: "Huyo de todo lo que la literatura y los tópicos han arrojado sobre la verdad de cada cosa". Y prosigue:

Lograr eso y entregar como secreto del revelo la visión de mi tiempo y la sensación de una clase de vida que no se repetirá igual, con el mismo estampado.

Sin duda es exacto lo que nos dice el escritor. Ha tenido una visión de su tiempo y nos ha entregado la sensación de una clase de vida como él dice. Pero ¿qué entiende por realidad? Copio algunas frases del capítulo LIX.

Con todo lo que se vive y lo que se escribe no se logra dominar la vida por un momento encontrándole el sabor indudable e inolvidable.

Desde luego la señal de la realidad no está en la tecnología del conocimiento, es una chispa, una cuchara de madera, un hierro en la nieve.

Lo que más he buscado es el asa de la realidad para asirme a ella, para agarrarme.

¿Cómo agarrar la evidencia? —Ahí está el quid.—No se sabe.— Desde luego no está en la realidad superficial...

Yo he querido gulusmear la vida bien de cerca, desde un deseo de evidencia y bohemia.

Estoy en diálogo perpetuo conmigo mismo buscando esa señal de lo real absoluto.

Este monólogo dialogado conmigo mismo será interminable hasta el final de mi vida.

No encuentro *la señal,* no la encuentro.

Todas estas frases tienen un valor biográfico, nos explican su *coleccionismo* integral, su sed de cosas. Al explicar su humorismo nos dice:

Mi humorismo es un humorismo que descansa sobre las cosas o que convierte a las personas en cosas; humorismo en que me he refugiado al ver que los seres son máquinas de ambición y traición y las cosas son lo único bueno de la vida, siempre verdaderas santidades, dependiendo quizá de eso el que cuando un santo es escultorizado, es decir, convertido en cosa de piedra, su santidad se hace convincente.

Como hay que hablar de otros autores, aquí termino con el gran Ramón, a quien seguiré leyendo y, si noto más cosas no vistas ni registradas ahora, las diré.

"RECUERDOS DE NIÑEZ Y MOCEDAD"

He vuelto a leer este libro para no venir con la vaga impresión de una lectura hecha hace 40 años.

La de hoy ha sido penosa; hecha por deber; por la obligación contraída. Era preciso apuntar el concepto con que enfoca el autor una obra de este género.

Entre las enseñanzas que ha proporcionado la lectura metódica y seguida de los libros similares de estos cuatro escritores hay ésta: abusan de su personalidad o de la personalidad de su estilo.

Creo que las generaciones siguientes optarán por un estilo más neutro o más frenado, en beneficio de la veracidad.

Todos estos maestros quieren ser veraces, pero se ven arrastrados por su técnica literaria y su estrategia vital. No pueden abordar una obra de este carácter autoanalítico o recordatorio con el espíritu de entrega sencillo y absoluto que sería el ideal. Yo en la mía pecaré de lo mismo. Y es que el español es muy recatado o pudoroso. Cuida de su estampa o parecer.

En las breves memorias de Unamuno preside un enfoque pedagógico y sistemático que seca desde el principio la obra. Unamuno se llamaba Jugo en segundo apellido y puede decirse que no se acordó de poner jugo en estas memorias. En una ocasión me dijo que no le gustaba ese nombre, y yo no caí entonces en la respuesta que debí darle: le debí haber dicho: "Póngase por segundo apellido *Concepto*". Miguel de Unamuno y Concepto. Porque siempre fué más conceptual que jugoso.

En sus memorias cuenta niñeces ateniéndose rigurosamente a los años de bachillerato: primero de latín, segundo de latín, etc., y en cada capítulo hace alguna consideración de orden filosófico o pedagógico.

Aunque los breves capítulos carecen de titulares, cada uno corresponde a un tema: el colegio y el maestro, los juegos, las fiestas, las peleas, las travesuras, la moral y el derecho, los cambalaches infantiles, los grabados de los primeros libros, las canciones. Y tanto sistema no se resiste en unas memorias si no va acompañado y compensado con un poco de cabrilleo anecdótico emocionante o divertido. Ya he dicho en algún sitio que Unamuno no sabía reír.

Las Memorias de D. Miguel son pesadas porque son inocentes, como de un seminarista; de un escritor no cuajado, que no sabe presentar las cosas con atractivo, ni levantar lo infantil a un grado de interés; sobre todo en la primera parte. En el capítulo III de la segunda parte hay ya párrafos de mayor goce espiritual, recordando sus primeros paseos por las afueras de la ciudad, los veraneos en la casa foránea de su abuela, en Deusto, la lectura de la candorosa novela de Trueba, *Mari Santa*, su contacto con la poética o arte de construir versos. Aquí dice de Zorrilla que "realiza un problema de máximos y mínimos, el de dar la menor poesía que puede darse con la mayor armonía rítmica".

Se ve que Unamuno es pobre en recuerdos de niñez y tiene que valerse de un recurso mecánico para evocarlos, siguiendo los años escolares. Recurso de profesional de la enseñanza, de hombre más científico que espontáneo. Total: sequedad para una obra que exige soltura, entrega, desenfado, cordialidad. No llega a Santa Teresa; no parece haberla leído. En ella podemos aprender mucho todavía los que pretendemos recordar y confesar, analizarse y narrar con gracia.

He aquí algunas frases características apuntadas al leer:

> No sé si será ilusión retrospectiva esto de creer que el cuarto curso de mi bachillerato fué el más anhelado por mí. Era el curso de la psicología, y los misterios del espíritu eran ya los que más me atraían; me llamaba ya, desde muy mozo, la Esfinge, en cuyos brazos espero morir.
>
> Me gusta más la filosofía, la poesía de lo abstracto, que no la poesía de lo concreto.
>
> Y todavía por entonces no había escrito un verso. A lo cual se debe, sin duda, que haya más tarde casi abandonado la metafísica por la poesía, que me parece más honda metafísica.

Estas pequeñas muestras dan idea del hombre que fué; de lo encajado desde niño en un carril férreo muy poco propicio para las exigencias de la obra libre del hombre que goza y sufre, ve todo, reflexiona y se embriaga con la creación. De la filosofía pasó a la mística, nos dice, y fué secretario de la Congregación de San Luis Gonzaga.

"MEMORIAS INMEMORIALES"

"Azorín" ya no es tan pequeño como su diminutivo haría pensar. Es grande dos veces: grande en la literatura española y grande en el tiempo. En México se le llama grande a la persona que pasó de la juventud.

Avanzando ya en la vejez, pensó que debería escribir sus memorias, y se puso a ello. Pero "Azorín" no podía hacerlas. En primer lugar porque el pasado de este finísimo escritor es su presente; en segundo lugar, porque no hay acción en su vida, aparte de la acción de escribir. Por lo uno y por lo otro, y dándose cuenta de que lo entregado a la imprenta no era lo apetecido, llamó al volumen *Memorias inmemoriales*. Ya se sabe que lo inmemorial es lo perdido en el tiempo, lo que por antiguo se pierde en la lejanía.

El título es muy azorinesco, pero nada exacto; no responde a lo que encierra el libro. Si el autor se hubiese atenido a ciertas evocaciones, a revelar imágenes y momentos borrosos de su existencia, le iría bien. Pero lo que ha hecho carece de este principio unitivo. Ha reunido trozos evocativos —de esos que tantas veces ha escrito—, sin fecha ni localización posible, verdaderas estampas de la eternidad, si por ésta entendemos el estancamiento perdurable, con trozos de ayer, como los momentos vividos junto al pintor Zuloaga o en el Museo del Louvre durante su alejamiento voluntario de España en tiempos de la guerra civil.

Aparte de esta grave falta de unidad y de secuencia, como ahora llaman los cineastas a la ilación, hay otras. Y conste que las señalo porque lastiman realmente al leer; no por regodeo en la crítica. La falta mayor consiste en incluir trozos muertos, páginas que debieron quedar aparte o ser destruidas, por carecer de nervio creador, por estar hechas sólo a base de una maravillosa virtud estilística.

Sin embargo, como todo puede ser interesante, en ellas se acusan los vicios y el secreto estilístico del escritor; de modo que el libro puede ayudar a estudiarlo.

Cito primeramente lo que dice sobre la biografía y sobre el desánimo en la página 199:

La vida del Cid es, si no larga, muy intensa; no quiero yo —ni podría— abarcarla toda en mi libro. Lo que me propongo hacer no es una nueva biografía de Rodrigo Díaz de Vivar, sino la psicología de un momento, un solo momento, en esa vida. Las biografías pecan de laxas; no se puede zafar ningún biógrafo del desmadejamiento; se llega a un punto en que el biógrafo, por fervoroso que sea en su labor, siente desmayo... No caeré yo en tal desánimo; prefiero un momento en la vida de un personaje, que toda su largura. Los desánimos en literatura me aterran.

A lo largo de sus *Memorias inmemoriales*, siente el lector que Azorín está cansado; y percibe también que huye de lo que entendemos por biografía, concretándose a describir algunos pasajes sueltos y sumamente adobados con emociones vagas.

Las frases más elocuentes relativas a su estética se hallan en las páginas 193, 194 y 197. En la primera dice:

Pero veo que estoy empleando imágenes, para mí lo vitando. En literatura el uso de las imágenes es como jugar fulleramente; se debe escribir en forma escueta y monda, a la manera que está escrito el *Discurso del método*; ya salió la obra que me sirve de guía, literariamente, en mis empresas.

Y a renglón seguido, como olvidándose de lo que acaba de escribir, dice: "No sé dónde vivía yo entonces; debía ser allá por Puebla, Desengaño, Barco o Valverde; no es menester —ni quiero— poner precisión en lo que estoy contando. Y se me dirá: "Entonces, ¿por qué se evoca el *Discurso del método?"*

Con suma habilidad refleja su lucha interna entre el deseo de precisión y el amor a lo poético, a la vaguedad emocionada. Y grita al final de su divagación:

El *Discurso del método*, mi pesadilla perdurable, me condena. Y me condena también el mostrar propensión —en este caso proclividad— a crear en la novela un estado de vaguedad, de imprecisión y de irrealidad. Sí, de irrealidad: batallan en mí, con opugnación dolorosa, Descartes y Berkeley.

Después de estas confesiones, y con el recuerdo de toda la obra de Azorín, podría decirse que la fórmula azorinesca es: ser preciso en los pormenores y vago en el conjunto.

¿A cuántos nombres y apellidos recurre "Azorín" para traspasar su personalidad? Son tantos que se necesitaría releer éste y todos sus libros para anotarlos. En *Memorias inmemoriales* comienza por llamarse X, pero no se contenta con esto, dice que X es nadie, aunque también nos dice: "No quiero más que acervar, sin orden, lo que ví en X y lo que escuché de sus labios."

Desde el comienzo, pues, nos encontramos con un juego de escamoteo, de ironía. La sutilidad de Azorín exige bastante reposo al lector y a quien pretenda estudiarle. Es un poeta que escribe en prosa; aunque quiera huir de las imágenes por amor a lo concreto, su vida es pura imagen, y él, su persona misma, parece otra. Su actitud es de extasiado petrificado. Las realidades del mundo le transportan al mundo de la fantasía, y sobre todo a la simplificación del concepto general del tiempo. "Para mí —y para muchos— no hay presente, ni futuro, ni pasado: todo es presente." Así dice. A lo cual me permitiría agregar: ¿no hay en esta frase también un equívoco por uso del verbo ser en vez del verbo estar? ¡Cuánta diferencia entre decir: todo está presente, y, todo es presente! El refugio y receptáculo de Azorín niño, el colegio jesuítico que le retuvo durante ocho años, y tanto influyó en su vida, puede *estar* presente en su imaginación, en su recuerdo, incluso en su sangre, pero *no es* presente; si lo fuera, Azorín seguiría jugando, comiendo y durmiendo en dicho colegio. Pero, en fin, de tales equívocos vive la literatura. Ellos son los puentes que nos permiten saltar de lo real a lo posible, a lo ideal.

En grave aprieto se encuentra Azorín al publicar estas Memorias. Se ve que intenta justificarlas, explicar su índole peculiar, en muchos lugares del libro; especialmente en el prólogo y en los epílogos. En el prólogo dice: "En esta segunda edición van incorporados relatos que reflejan, en una u otra forma, *estados espirituales* del autor..." Parémonos en esto que he subrayado. Todo lo escrito por Azorín obedece a estados espirituales; yo agregaría: y sentimentales. Por esto he pensado muchas veces que en la prosa española viene a representar lo que Juan Ramón en la poesía. Azorín mismo nos dice más adelante, en el prólogo:

El momento, y no la continuidad del tiempo, es la vida: la más intensa de las vidas...: en tan corto lapso, *sentimos* más que en cien años. Y si no lo sentimos, nos lo figuramos. En la vida, entre el *sentir* y el creer que se siente no hay diferencia alguna. Acoplamos, pues, los pensamientos a las *sensaciones*.

He vuelto a subrayar palabras. Ellas confirman lo que dije. Todo lo de Azorín se levanta sobre estados espirituales y sentimentales. Y como estos estados cambian de un momento a otro, los pensamientos cambian. Esto dice también más adelante, justificando su versatilidad en la vida colectiva. Para lo cual suma a su criterio unas palabras de Maura.

Da lástima leer esto. Da lástima que el autor no se mantenga en su tono humorístico, irónico: que quiera razonar en serio lo irrazonable.

Azorín presiente que comete una superchería al presentar como memorias autobiográficas un centón de artículos, relatos y peculiares cuentos que son, sin duda, fases de su alma, de su vida interior, pero no el proceso, el desenvolvimiento de su entera personalidad en el mundo, a través de los años que median entre 1873 y 1946. Por esto, después del "Epílogo en la soledad", escribe un capítulo que titula: "Quedaba algo", cuyas subdivisiones son: "Autobiografía", "Ni una palabra más", "Sí, algunas otras palabras", "Todavía más palabras".

"Ansia de precisión acucia al presente a mi biografiado", declara en uno de estos últimos trozos. Sí —ya lo ve el lector—, pero el lector sabe a qué atenerse en esto de la precisión, tratándose de Azorín: precisión en los pormenores, vaguedad en el conjunto. Es la fórmula de su estética literaria. Y esa fórmula literaria le impide ya mirar con ojos claros a su personalidad humana. La personalidad literaria acabó con la otra.

¿Cómo es que teniendo tal ansia de precisión no ve que mañana puede lanzar otro tomo de igual tamaño con sólo reunir otro centenar de las infinitas piezas literarias escritas en su larga vida? Porque si vamos a aceptar su criterio de que la vida se reduce a los momentos de gran intensidad espiritual y sentimental, cualquiera buena antología de sus escritos será su biografía.

Evidente estafa. Los escritores comentados son víctimas de su personalidad exacerbada. Se puede tener mucha personalidad sin acudir a tales extremos nietzschenianos. Shakespeare no necesitó de ellos. Ni Velázquez en pintura, ni Manolete en el toreo.

MANUEL MACHADO, LA MANOLERÍA Y EL CAMBIO

En un cuarto se oye la guitarra; en otro, el cancán y la matchicha.

En el primero se taconea entre largas faldas de volantes; en el segundo se ventilan muslos y pantorrillas, calzoncillos blancos y medias negras.

Las castañuelas repiquetean en uno; en otro, el acordeón.

Manolo Machado entra y sale de cuarto a cuarto. A veces, parado en la puerta, se le suman en los oídos las trepidaciones y trémolos de las dos corrientes. Por esto se le podría llamar "Entre-ríos" a este Manolo. Recibe y encarna como pocos las dos corrientes que baten la península: la francesa y la moruno-gitana.

Años, montón de años, que no frecuentaba yo los versos de Manuel Machado. Al conocer su muerte, decido leerle con atención. Abro una antología de sus obras, y es como si cayese de golpe en el pozo de mi adolescencia.

Leo, contra gusto, "Adelfos". Reconozco el valor que tuvo, pero la emoción de revivir el pasado tan repentinamente me descontrola. Estaba tan lejos de esa abulia elegante de fines de siglo, que me produce malestar. Paso y, poco a poco, me rehago. Estoy ante "El jardín gris":

>Jardín sin jardinero,
>viejo jardín, viejo jardín sin alma,
>jardín muerto. Tus árboles
>no agita el viento. En el estanque, el agua
>yace podrida. Ni una onda. El pájaro
>no se posa en tus ramas.
>La verdinegra sombra
>de tus hiedras contrasta
>con la triste blancura
>de tus veredas áridas...

Fué un sombrerero joven de Málaga, aspirante a poeta, Pedro Vances, quien me lo dió a conocer en un entreacto de su oficio, es decir, entre medir y medir cabezas sudosas y de pelo bravío, toscas molleras aldeanas de arrieros, caleseros, carreteros y aperadores que acudían a su tienda muy ajenos de que iban a interrumpir lecturas poéticas. La ira refrenada de Pedro se contentaba con jalar secamente de la cinta al concluir las mediciones.

Era muy dificil en realidad compaginar mediciones, pruebas de sombreros y cobranza, con la melancolía. "Melancolía" se llama el otro poema que leímos entonces y aprendimos de memoria. Es éste:

> Me siento a veces triste
> como una tarde del Otoño viejo,
> de saudades sin nombre,
> de penas melancólicas tan lleno...
> Mi pensamiento entonces
> vaga junto a las tumbas de los muertos,
> y en torno a los cipreses y a los sauces
> que abatidos se inclinan... Y me acuerdo
> de historias tristes sin poesía... Historias
> que tienen casi blancos mis cabellos.

Del influjo que tuvieron en mis primeros versos estos dos breves poemas de Manuel Machado me doy cuenta hoy. Sobre todo por el tono. El primero de ellos me llevó a Verlaine:

> Dans le vieux parc solitaire et glacé...

El segundo me retrajo a Bécquer. Yo no sabía que estábamos en pleno modernismo; no sabía de escuelas ni de tendencias. Todo esto me tuvo sin cuidado hasta que la política literaria de Madrid me lo empujó por los oídos. Si me gustaban los poemas de Manuel —esos poemas precisamente— era porque cuadraban a mi juventud, romántica todavía.

Al repasar el siguiente, "Antífona", ya no siento alterado el ánimo, y considero en él lo que tiene de homenaje a Espronceda, a Don Pedro Antonio de Alarcón y a Zorrilla. Digo esto por ciertas resonancias añejas, con romanticismo desgarrado y con el paralelo trivial de poeta y hetaira.

Y en seguida aparecen *Los cantares*. Aquí, sí. Aquí me encuentro con algo muy suyo y fresco. Claro que con enlace, pues no hay que olvidar a Augusto Ferrán. Los cantares no habían sido desdeñados por los poetas del XIX, especialmente los del litoral. Pero en los de Manolo hubo una más pura e íntima fusión con lo verdaderamente gitano o flamenco; una mayor inteligencia de lo genuinamente "cañí". Machado hizo lo que en la música hicieron Albéniz y Falla:

> Madre, pena, suerte, pena, madre, muerte,
> ojos negros, negros, y negra la suerte...
> Cantares...
> En ellos el alma del alma se vierte.

Hay que fijarse en esto que dice el poeta: "el alma del alma". Porque por ahí va la cosa, por ahí va la pieza que nos interesa captar. Por ahí va lo íntimo de la poesía que había de venir tras el vistoso y sonoro modernismo.

En este preludio de todos los cantares que luego hizo suenan ya, como en las sinfonías de los maestros citados, los temas fundamentales de la copla andaluza: la pena, la suerte, la muerte, la madre, los ojos negros.

Manolo llegó a la intimidad de la copla con primor, sabiduría y gracia. Más adelante surgirán ejemplos. Ahora toca decir que la intimidad —nota romántica— tuvo en este Machado unos acordes muy suyos, de desgana o displicencia, de profundo desdén, de fatalidad mora, que ya no tienen nada que ver con los románticos españoles del XIX, ni aun con el espíritu de Heine, que sobre el desdén puso muchas veces el sarcasmo. Manolo se contiene y contenta con hacer una revolera, un quiebro, un cambio. Un ejemplo de lo que llamo cambio:

> En tu cariño pensando
> en vela pasaba el día...
> Y por la noche, *soñando*,
> *soñaba que no dormía*.

En lo subrayado está el cambio; en ese: "Y por la noche, soñando, soñaba que no dormía." Cambio del gerundio por el pasado imperfecto.

El cambio existe entre los cantaores, en la copla; pero en ésta se hace con la voz, mientras en el verso se hace con las palabras. También existe en el arte taurino; y en éste se hace con la capa. Nadie ha estudiado el sutil recurso del cambio, tan airoso, tan para levantarse y acabar con lo irremediable, y hasta con el callejón sin salida.

Hay cambios de muchas clases en los versos de Manolo, como los hay en el toreo. Un cambio de rodillas no se parece a un cambio de muleta, de la mano diestra a la zurda. Recordemos aquel juego del toreo llamado en términos taurinos "galleo", que consiste en una serie de quiebros; y leamos esto:

Mi corazón me pediste.
No te lo pude negar.
Me lo quieres devolver.
Yo no lo quiero tomar.
¿Qué vamos a hacer con él?

Hallar quiebros o cambios en los versos de una copla no es, después de todo, un milagro, ya que cantaores y toreros fraternizan constantemente y se "cambian" las locuciones y los giros de sus oficios. Lo interesante es encontrar tales cambios en la poesía culta. Un ejemplo:

MI PHRINÉ

No es cinismo. Es la verdad:
Yo quiero a una mujer mala
fuera de la sociedad.
Una *declasée*, lo sé,
pero... ¿la conoce usté?
¡No! Pues, bueno;
sea usted bueno y cállese,
que es el saber más profundo,
y nadie diga en el mundo
de esta agua no beberé.

Es hermosa.
Sabe ser
a ratos voluptuosa
y querer,
o no querer.

De la prosa sabe hacer
otra cosa.
Y es mujer
muy hermosa,
muy hermosa y muy mujer.

Lo tiene todo bonito
mi Phriné...
Desde el cabello hasta el pie
chiquitito.

Ahí tiene usté
disculpado mi delito.

—No es delito.
—Ya lo sé.

En el libro de Manolo, *El mal poema* encontraremos muchos ejemplos como éste, de quiebro o "cambio", sistemáticos y, por ende, fundamentalmente pintureros, toreros, cañís. Pero no es ahí sólo; es en toda su obra. Y como me parece que es una clave de su estilo, voy a entresacar otros ejemplos. Yo los considero a veces como resultados de arrepentimientos, correcciones, salvedades o paréntesis. Veamos.

La noche callada ¡y Ella!
(que no es ella todavía)

(De la poesía "Primer amor")

Le dá un aspecto canalla,
canalla y angelical.

(De "La diosa")

Porque ya
una cosa es la Poesía
y otra cosa lo que está
grabado en el alma mía...
Grabado, lugar común.
Alma, palabra gastada.
Mía... No sabemos nada.
Todo es conforme y según.

(De "Yo, poeta decadente...")

> El *argot*
> es cosa tan natural
> como lo son los placeres,
> el pegar a las mujeres
> (que está mal)
> y el caló.
>
> (De "Internacional")

Insisto en llamar "cambio" a este resorte estilístico porque cada vez lo veo más unido a la técnica torera de corregirse, según la intención o dirección del toro. Sigo con otro ejemplo, "La canción del presente":

> No sé odiar, ni amar tampoco
> Y en mi vida inconsecuente,
> amo a veces como un loco,
> u odio de un modo insolente.
> Pero siempre dura poco
> lo que quiero y lo que no...
> ¡Qué sé yo!
> Ni me importa...
> Alegre es la vida y corta,
> pasajera.
> Y es absurdo complicarla
> con un ansia de verdad
> duradera
> y expectante.
> ¿Luego?... ¡Ya!
> La verdad será cualquiera.
> Lo precioso es el instante
> que se va.

Notaremos que lo llamado "cambio" tiene mucho de diálogo, de diálogo consigo mismo; con su pro y su contra. Y lo encontramos a lo largo de toda su producción; por esto es rasgo estilístico digno de estudio. Veamos dos ejemplos más. El primero corresponde a la poesía titulada "Última".

> La gloria... ¡para mañana!
> ¿El dinero? Yo no quiero
> placeres por mi dinero...
> ¿La voluntad?... Es verdad!
> Con ella todo se gana;
> borra montes, seca pontos...
> Yo no he visto más que tontos
> que tuvieran voluntad.

¿Vemos el cambio seco y persistente de quien cita y da salida, de quien afirma y se arrepiente, de quien se adelanta al contrincante para quebrarlo como a un toro? Porque lo interesante es que Manuel Machado no se contenta con decir: "Y antes que un tal poeta, mi deseo primero hubiera sido ser un buen banderillero"; sino que lleva este deseo a la técnica lírica.

Una vez hecha esta cala de orden analítico-estilístico, vamos a enfocar su obra total de otro modo.

La personalidad de este poeta se abre como un árbol, o como un río, en tres ramales, y desde el tronco, es decir, desde el principio. Es fácil abarcarla. Uno de sus primeros libros se llama *Alma, Museo, Los Cantares*. Y este título nos dice que una de sus ramas sigue hacia la vida interior, otra, hacia la vida externa o de los ojos, y la tercera hacia lo que percibe el sentido auditivo, la copla. Intimidad, visualidad y apego a la expresión del pueblo. Éstas son las ramas por donde corre la savia manolesca de este Machado.

Si nos paramos a ver lo que hay en *Alma*, distinguiremos sus confesiones o confidencias, que son abundantes, primero en "Adelfos", luego en el autorretrato con que empieza su libro *El mal poema*, y, finalmente, en el titulado "Prólogo-epílogo". En estas tres grandes piezas nos revela cómo es, o cómo cree él que es.

Nos dice que carece de voluntad: "Mi voluntad se ha muerto una noche de luna / en que era muy hermoso no pensar ni querer." Añade que carece de ambición, de amor, de fe y de gratitud; que ni adora la virtud ni le seduce el vicio. Presume, en cambio, de aristócrata: "De mi alta aristocracia, dudar jamás se pudo."

Con este aspecto abúlico y señoritil irrumpe Manolo en el mundo poético. Así es como inicia esa rama de su personalidad poética que titula "Alma" y que lleva la triste fecha de 1898. Veamos ahora su "Retrato", que es de 1909.

> Esta es mi cara y esta es mi alma; leed:
> unos ojos de hastío y una boca de sed...
> Lo demás... Nada... Vida... Cosas... Lo que se sabe...
> Calaveradas, amoríos... Nada grave.
> Un poco de locura, un algo de poesía,
> una gota del vino de la melancolía...
> ¿Vicios? Todos. Ninguno... Jugador, no lo he sido:
> no gozo lo ganado ni siento lo perdido.
> Bebo, por no negar mi tierra de Sevilla,
> media docena de cañas de manzanilla.
> Las mujeres... —sin ser un Tenorio, ¡eso no!—
> tengo una que me quiere, y otra a quien quiero yo.

> Me acuso de no amar sino muy vagamente
> una porción de cosas que encantan a la gente...
> La agilidad, el tino, la gracia, la destreza,
> más que la voluntad, la fuerza y la grandeza...
> Mi elegancia es buscada, rebuscada. Prefiero
> a lo helénico y puro lo *chic* y lo torero.
> Un destello de sol y una risa oportuna
> amo más que las languideces de la luna.
> Medio gitano y medio parisién —dice el vulgo—,
> con Montmartre y con la Macarena comulgo...
> Y, antes que un tal poeta, mi deseo primero
> hubiera sido ser un buen banderillero.

Es tarde... Voy de prisa por la vida. Y mi risa
es alegre, aunque no niego que llevo prisa.

Aquí sigue siendo abúlico, hombre hastiado y desdeñoso;
pero ya reniega de algo que tuvo en su primera época;
reniega de las languideces bajo la luna. Y, en cambio, aunque con laxitud, reconoce que ama la agilidad, el tino, la
gracia y la destreza. Y que su elegancia es rebuscada, chic
y torera. Todo ello muy importante porque es auténtico.
Por lo demás, se ve que el tono cínico, que ya apuntaba en
"Adelfos", se acentúa y desenvuelve, alcanzando unos grados
nunca oídos en la lírica española si descartamos a Espronceda, es decir, a un romántico. Y es que Espronceda, como
Bécquer, fué revalorizado por los nuevos poetas.

Nos dice Juan Ramón en una conferencia sobre Valle-Inclán:

Sanatorio del "Retraído". [Es decir, su sanatorio.] Iban a
verme (yo seguía siendo un niño) Antonio y Manuel Machado,
Gregorio Martínez Sierra, Ramón Pérez de Ayala, Francisco Villaespesa, Rafael Cansino, luego Cansinos-Assens, Pedro González
Blanco, Viriato Díaz Pérez; y, a veces, Rubén Darío, Manuel Reina
(si pasaban por Madrid), Salvador Rueda, Jacinto Benavente y
Valle, que no usaba ya sombrero de copa alta ni levita, sino hongo,
una castorita, se decía, de ala abierta y plana, americana y macferland, todo cubriendo y colgado un sarmiento casi crugidor, con otra
clase de melena y la misma barba. Valle, echado contra el respaldo
de su butaca, recita sonriendo al techo, versos de Espronceda:

...Hay una voz zecreta, un dulce canto
que el alma zolo recogida entiende...

Se incorpora, se escita: "Esto ez poezía"... Y dice que el
romance de *Rimas*, el librillo que uno de nosotros acaba de publicar, viene de ahí. Tiene razón: de ahí, de Bécquer, de Augusto
Ferrant, de Rosalía de Castro, de Jacinto Verdaguer, los menos

castellanistas entre los poetas españoles, los del litoral; y Musset, Lamartine, Heine, Verlaine, Rubén Darío, entre los de fuera.

Sobre la huella de Espronceda en Manolo Machado escribí ya en el prólogo a las Obras de aquél en "Clásicos Castellanos", e insistiré más adelante. Ahora seguimos con las confidencias del propio Machado en lo que titula "Prólogo-Epílogo".

> El médico me manda no escribir más. Renuncio,
> pues, a ser un Verlaine, un Musset, un D'Annunzio,
> —¡no que no!— por la paz de un reposo perfecto,
> contento de haber sido el vate predilecto
> de algunas damas y de no pocos galanes,
> que hallaron en mis versos —Ineses y Donjuanes—
> la novedad de ciertas amables languideces,
> y la ágil propulsión de la vida, otras veces,
> hacia el amor de la belleza, sobre todo,
> alegre, y ni moral ni inmoral, a mi modo.
> Tal me dicen que fuí para ellos. Y tal
> debí de ser. Nosotros nos conocemos mal
> los artistas... Sabemos tan poco de nosotros,
> que lo mejor tal vez nos lo dicen los otros...

Este "Prólogo-Epílogo" es bastante largo, y si he de volver más adelante a citar algún trozo, será por lo que dice de España en relación con los artistas. De momento nos bastan las líneas copiadas para insistir en lo de su expresión cínica, descarada, y, más aún, en ese hablar versificado, en ese sentido para la plática llana y con fondo de distinguida altanería que él aporta precisamente por el enlace de lo chic o frívolo con lo torero.

Pero en su libro *Alma* nos descubre la suya no sólo por medio de estas confidencias o retratos, sino por los temas que le rondan en el reino interior, como él mismo llama al ámbito espiritual.

Ya hemos leído un trozo de "El jardín gris" y "Melancolía". En este tono melancólico escribe otros poemas, que unas veces se inclinan más a los poetas franceses Verlaine, Moréas, Samain, Laforgue, y otras veces a los románticos españoles. En algunos casos funde las dos corrientes. Así, en el poemita "Otoño":

> En el parque, yo solo...
> Han cerrado,
> y olvidado
> en el parque viejo, solo
> me han dejado.
>
> La hoja seca
> vagamente
> indolente
> roza el suelo...
> Nada sé,
> nada quiero,
> nada espero...
> Nada...
>
> Solo
> en el parque me han dejado,
> olvidado
> ...y han cerrado

Pero por su alma corren otros tonos que el de la melancolía. Tonos modernistas a lo Darío, de puro juego verbal, que se fijan en temas versallescos con la inevitable princesita, Watteau, Pierrot, Colombine, o figuritas de pajes enamorados como el Gerineldo de nuestros romances. Hoy nos suena todo esto a sobada literatura, pero la ejecución es grácil, y en su día se recibió y aprendió con verdadero deleite.

La ejecución es precisamente lo que más interesa a quien estudie el estilo. Fijándonos en el poema llamado "Figulinas", volveremos a sentir y precisar el revoloteo de su capa torera, y sobre todo ese "cambio" que parece todo un sistema en Manuel Machado.

¡Qué bonita es la princesa!
¡Qué traviesa!
¡Qué bonita!
¡La princesa pequeñita
de los cuadros de Watteau!

¡Yo la miro, yo la admiro,
yo la adoro!
Si suspira, yo suspiro;
si ella llora, también lloro;
si ella ríe, río yo.

Cuando alegre la contemplo,
como ahora, me sonríe...,
y otras veces su mirada
en los aires se deslíe
pensativa...

¡Si parece que está viva
la princesa de Watteau!

Al pasar la vista hiere,
elegante,
y ha de amarla quien la viere.

Yo adivino en su semblante
que ella goza, goza y quiere,
vive y ama, sufre y muere...
¡como yo!

Tan famosa como esta breve poesía se hizo la titulada "Pierrot y Arlequín":

> Pierrot y Arlequín,
> mirándose sin
> rencores,
> después de cenar
> pusiéronse a hablar
> de amores.
> Y dijo Pierrot:
> —¿Qué buscas tú?
>   —¿Yo?...
> ¡placeres!
> —Entonces no más
> disputas por las
> mujeres.
> Y sepa yo al fin
> tu novia, Arlequín...
> —Ninguna.
> Mas dime a tu vez
> la tuya.
>   —Pardiez...
> la luna!

Dejando a un lado toda alusión al modernismo y a la frivolidad, por el momento, es evidente que el garbo y la frescura técnica de Manolo hizo un bien a la literatura reseca y solemne castellana. Él trajo a las letras la "manolería", digo yo ahora. Por algo se llamaba Manolo. Y es sabido que el manolo —como la manola— eran en Madrid los tipos de rumbo y trapío, alegres, desenfadados, ganosos de vida, existencialistas legítimos. En ellos quedó prendido el denuedo de aquella Doña Cayetana, Duquesa de Alba y, sobre todo, amiga de Goya.

No temo que al decir esto se me considere alentador del majismo ni del modernismo. Alabo en el poeta que estudio aquello que era en él legítimo, auténtico y sólo para él. Ello es su divisa y su gloria. En otros sería nula imitación o muletilla. Y si los que vinimos luego con nuestra guitarra aprendimos de él, no aprendimos *falsetas*, sino a manejarnos con soltura por la lírica, sin movimientos anquilosados.

Claro está, y más lo estará después, que una cosa es el "manolismo" en la ejecución literaria, en el manejo del verso, y muy otra la manolería moral o de conducta. Se puede ser un buen banderillero y un detestable compañero o ser humano. El mismo Machado dice en el poema "Yo, poeta decadente..."

> Porque ya
> una cosa es la Poesía
> y otra cosa lo que está
> grabado en el alma mía.

¡Claro! Por eso vamos considerando paralelamente tu poesía, tu estilo, y por otra, lo que estaba grabado en el alma tuya y que tú mismo nos confiesas. En tus confidencias vemos que siendo así, tenías que terminar como terminaste.

> Nada importa.
> ¡Alegre es la vida y corta,
> pura farsa!

Esto dijo Manolo en "Pantomima", a principios de siglo; y esto subrayó con su conducta en la hora crítica del año 36. ¡Qué diferente de su hermano! Pero ¡qué auténticos los dos! Porque, si recordamos, desde la primera poesía de su primer libro, desde "Adelfos", Manuel se nos muestra abúlico, desganado como un señoritingo andaluz de fines del XIX, hijo de familia antigua y rica, y que, como él dice, "ni el vicio le seduce, ni adora la virtud", dispuesto a que: "las olas me traigan y las olas me lleven, y que jamás me obliguen el camino a elegir."

Manolo se quedó con los señoritos y con los toreros, y hasta con los moros, como era lógico. Y si me detengo tanto en esta espinosa cuestión es porque su *Alma* está ligada tan fuertemente a su estilo poético que forman un bloque inseparable. La vida —ya lo dijo, y lo repito— era, para él, pura farsa, y posiblemente pensaba que la política y las luchas sociales eran bregas toreras. Igual que pensaron Sagasta y Romanones ayer, y los dirigentes políticos mundiales de hoy, aunque velen con "cambios" y quiebros verbales sus manejos.

¿Por qué no ríe Margot?...
Nada importa.
¡Alegre es la vida y corta,
pura farsa!
Y si no ríe Margot
al paso de la comparsa,
es... porque existe un complot
con magos y hechicería
contra la franca alegría
de Pierrot...

Sustituid magos por masones y hechicerías por otro valor o peligro supuesto y ya está el complot contra la alegría de Pierrot. Del Pierrot político.

Después de *Alma* y de *Caprichos*, lo más importante que produce Manolo es *La fiesta nacional*. En esta obra hace gala de aquellas virtudes que admira tanto: la agilidad, el tino, la gracia, la destreza.

La obrita es casi perfecta. Decae en el tercio de varas y en la suerte de matar; lo inolvidable está en las banderillas y en la capea. En estos trozos:

Elegante
y valiente,
y con una seriedad
conveniente,
va burlando
la feroz acometida
y jugando
con la vida
ágilmente.

. . . .

Ágil, solo, alegre,
sin perder la línea
—sin más que la gracia
contra de la ira—
andando,
marcando,
ritmando
un viaje especial de esbeltez y osadía...
llega, cuadra, para
—los brazos alzando—,
y, allá, por encima
de las astas, que buscan el pecho,
las dos banderillas,
milagrosamente
clavando... se esquiva
ágil, solo, alegre,
¡sin perder la línea!

Aquí, Manolo es un poeta eminentemente descriptivo, objetivo. Ha dejado las que llamaba "amables languideces". Pronto va a decir:

Calla, viejo organillo
sentimental... En balde
lanzas la melancólica sonata
conocida... ¡A otra parte!

Pero, aun habiendo cambiado lo íntimo o sentimental por lo externo y heroico, la técnica es la misma que en muchas otras poesías anteriores, a base de metro brevísimo, como para blandirlo como un látigo, u ondearlo y cambiarlo como vuelo de capa. Es el metro que ya usó Espronceda. Recordemos:

> Dar limosna
> es un deber,
> y es pecado
> la riqueza;
> la pobreza
> santidad.
> Dios a veces
> es mendigo.

Y es que Manolo siente la torería más que la melancolía. Ésta fué pegada o postiza. Y no importa que posteriormente le acuda alguna vez; ya vendrá compensada con el cinismo y la manoletada, el desplante o el quiebro.

Es forzoso recurrir a los términos taurinos para decir algo concreto o ceñido de su técnica. Como sería muy elocuente mostrar aquí dos retratos fotográficos que dió por entonces en sus libros: uno con capa y sombrero ancho, que le va bien, y otro con smoking, que le va mal, francamente cursi. Con la "pañosa" estuvo siempre mejor. Ya no la soltará nunca, y formará por ella en el grupo de los hermanos Quintero, Pérez de Ayala, Luis de Tapia, etc.

Manolo andaba con andares toreros, de pasitos cortos y mirando a los tendidos de sol y sombra con alegre serenidad. Las enfermedades de que habla en *El mal poema* pasaron pronto, como vulgares cogidas de toreros. Las angustias morales y las económicas, pasaron también. Aunque ha dicho irónicamente que renuncia a ser un Verlaine, un Musset, un

D'Annunzio —¿y por qué no un Baudelaire, ya que su "Poema del mal" es un derivado español de *Las flores del mal?*—, sigue escribiendo. Y aunque ha dicho que "España no puede sostener a sus artistas", y que "el Arte, mendigo, emigra con la música a otra parte", no se va, como Picasso, a París. Se refugia en el llamado "Cuerpo de Bibliotecarios", como Larrea, como yo mismo; escribe críticas teatrales, y llega a director de la Biblioteca Municipal. No vivirá a lo rico, pero sí a lo señorito regularmente alimentado. Tiene su tertulia de café, sus ratos de despacho, sus estrenos, sus colaboraciones teatrales con Antonio, y sus visitas al Museo del Prado.

Aquí es donde le van brotando los frutos de otra de sus tres ramas. La visual. Con Don Manuel B. Cossío de maestro, había visitado mucho este Museo, y aprendido a ver los cuadros. La lección no se le olvidó nunca al discípulo. Y le sacó buen jugo. En el libro *Apolo, teatro pictórico,* da su nota personal también, muy atildada y justa de verbo. Nos aprendimos de memoria algunos de sus preciosos sonetos. Los dedicados a la "Anunciación" del Beato Angélico, a "Doña Juana la Loca" de Van Laethen, a la "Primavera" de Botticelli, al "Carlos V" del Ticiano, al "Caballero de la mano al pecho" del Greco, al de la "Infanta Margarita" de Velázquez, cuyo último verso suena así: "...que apenas prende el leve lazo rosa". Delectación verbal muy rubeniana, muy del modernismo, que ya realizó Verlaine soberanamente en: "Les sanglots longs / des violons / de l'automme..." Juegos fonéticos que tantas veces han tentado a los poetas. Recordemos el dístico famoso de Víctor Hugo, cuyos dos versos tienen igual valor fonético:

¡O fragiles Hébreux! ¡Allez, Rebeca Tombe!
Offre á Gilles zébres oeufs; á l'Erebe, hecatombe.

Ya sé que el juego verbal de los modernistas es más refinado, y de otra intención que ese de Hugo. Además, los aciertos de Manolo en estos sonetos no radican siempre sobre el valor fonético, sino de expresión total. Y los tiene desde aquellos cuatro tercetos que hizo al retrato de Felipe IV, que publicó a principios de siglo, y ya querían ser soneto:

> Nadie más cortesano ni pulido
> que nuestro rey Felipe, que Dios guarde,
> siempre de negro hasta los pies vestido.
>
> Es pálida su tez como la tarde,
> cansado el oro de su pelo undoso,
> y de sus ojos, el azul, cobarde.
>
> Sobre su augusto pecho generoso
> ni joyeles perturban ni cadenas
> el negro terciopelo silencioso.
>
> Y, en vez de cetro real, sostiene apenas,
> con desmayo galán, un guante de ante
> la blanca mano de azuladas venas.

Nada hay que falte ni que sobre en este retrato poemático. Ya dijo Unamuno que todas las poesías de Manuel eran antológicas, que era un poeta de antología. Yo quiero recalcar estos dos versos: "y de sus ojos, el azul, cobarde", uno, y otro, "el negro terciopelo silencioso". Los recalco porque encierran otro secreto estilístico, su fino modo de adjetivar. Nadie diría que a un cierto azul se le podría calificar de cobarde; y, sin embargo, es justo. Nadie diría que el terciopelo se puede definir por lo silencioso, y, sin embargo, cada quien lo ha sentido así.

A estos aciertos verbales corresponde llamarles revelaciones. Son como verdaderos soplos de un espíritu ajeno a nosotros, que nos llega al escribir con ansia de acertar, de dar con la verdad. Y ésta es la misión del poeta. Y ésta es la gloria de Manuel en muchos de los sonetos visuales.

Manolo sentía la pintura, su sensualidad. Ante cada cuadro tomó su distancia, adaptó su obturador, enfocó su espíritu, y disparó con seguridad. Hay que releer estos sonetos. No para que se hagan otros a su manera; para saborearlos. No es un consejo para los poetas nacientes, sino para los gustadores del arte de cada época. Imitarlos sería estupidez. Cada uno trae su corazón, su mente y su garganta, y es estúpido querer hacer el canario con el órgano del mosquito, pensar a lo Unamuno con órgano de mariposa, o sentir a lo Bécquer con órgano de Whitman.

El primer deber de todo poeta es ser fiel a su organismo físico y mental. Y Manuel Machado lo fué. No sería, no lo fué, a otras cosas importantes, pero su arte respondió a su ser. A su ser abúlico, cínico, señoritil, pero dotado también de gracia y mesura, de poder sintético, de agudeza visual y de sentimiento coplero. No se tome despectivamente este calificativo. Por la copla nos hallamos íntimamente unidos al pueblo. Véase el poema que sirve como preludio al *Cante Hondo*:

> A todos nos han cantado
> en una noche de juerga
> coplas que nos han matado...
> Corazón, calla tu pena
> a todos nos han cantado
> en una noche de juerga,
> malagueñas, soleares,
> y seguirillas gitanas...
> Historia de mis pesares
> y de tus horitas malas.
> Malagueñas, soleares
> y seguirillas gitanas...

> Es el saber popular,
> que encierra todo el saber;
> que es saber sufrir, amar,
> morirse y aborrecer.
> Es el saber popular,
> que encierra todo el saber.

Así piensa Manolo. Piensa que todo el saber se reduce a saber sufrir, amar, morirse y aborrecer. Y que esa suprema sabiduría es la del pueblo. No entremos a discutirlo. Sería entrar a desentrañar España.

Este poema, que preside la serie de sus coplas, fué de nuestros preferidos; lo aprendimos de memoria. Y es que veíamos en él lo grave y garboso del cantar. La entrada tiene su empaque: "A todos nos han cantado / en una noche de juerga / coplas que nos han matado." Sólo un andaluz puede haber vivido tal cosa y en su mocedad.

Otros poetas habían escrito coplas mucho antes, pero sin su profundo regusto popular. Ahí van estas muestras:

> Tú eres la estrella del Norte,
> la primerita que sale,
> la última que se esconde.

> Tu calle ya no es tu calle,
> es una calle cualquiera,
> camino de cualquier parte.

> Los gitanos, los gitanos...
> Hoy se compran un vestío,
> mañana van a empeñarlo.

Pero Manuel no se contenta con hacer coplas; en dos ocasiones hace de historiador, como queriendo que el público de siempre conserve los nombres de los cantares y los de las cantaoras y cantaores famosos. Así en este poema:

La Lola,
la Lola se fué a los puertos.
La isla se queda sola.
Y esta Lola, ¿quién será,
que así se ausenta, dejando
la Isla de San Fernando
tan sola cuando se va?

Sevillanas,
chuflas, tientos, marianas,
tarantas, "tonas", livianas...
Peteneras,
"soleares", "solearillas",
polos, cañas, "seguirillas",
martinetes, carceleras...
Serranas, cartageneras.
Malagueñas, granadinas.
Todo el cante de Levante,
todo el cante de las minas,
todo el cante...
que cantó tía Salvadora,
la Trini, la Coquinera,
la Pastora...
y el Fillo, y el Lebrijano,
y Curro Pabla, su hermano,
Proíta, Moya, Ramoncillo,
Tobalo —inventor del polo—,
Silverio, Chacón, Manolo
Torres, Juanelo, Maolillo...

Ni una ni uno
—cantaora o cantaor—
llenando toda la lista,
desde Diego el Picaor
a Tomás el Papelista,
ni los vivos ni los muertos,
cantó una copla mejor
que la Lola...

> Esa que se va a los Puertos
> y la Isla se queda sola.

Yo no creo que sin Manolo Machado hubieran conseguido García Lorca y Alberti la desenvoltura y la emoción gitana que consiguieron. A una gran parte de los poetas andaluces nos sirvió de estímulo, y es leal confesarlo aun en estas horas que no son las más amables para su memoria.

Cuando algún día se haga el recuento de las influencias ejercidas por él y por Juan Ramón en las generaciones que les siguieron, veremos quién se lleva el mayor tanto.

¡Pobre Manolo, víctima de su "manolería"! ¿Cómo no diste un salto de garrocha y te plantaste con tu hermano más allá de la frontera?

Imposible. Era su sino.

PALABRAS SOBRE ANTONIO MACHADO

Me invitáis a un "acto en recuerdo de Antonio Machado". Así dice la invitación. Voy a permitirme, sin embargo, ir más allá dentro de vuestro mismo propósito porque lo considero demasiado modesto, casi medroso.

A este poeta se le recuerda a cada paso, no es de los que necesitan una fecha o un acto de congregación para que le recordemos. Vive de un modo casi carnal todavía entre sus contemporáneos. Podemos evocar el timbre de su voz y el ritmo lento de sus piernas caminantes. Justo por esta época del año, rica en tolvaneras, le veo casi materialmente, le proyecto en las colinas o alcores de la severa Castilla "caminando solo, / triste, cansado, pensativo y viejo", como se vió a sí mismo un día. Y le veo por la tarde, en "una tarde parda y fría", en "una tarde de soledad y hastío", en "una tarde ceniciento y mustia", mientras "el aire polvoriento" le hace flamear la negra bufanda empapada de tabaco frío. Se apoya en un bastón que todos hemos visto en las manos de muchos abuelos. Hala una de sus piernas como si tirase de un sable. Se detiene, levanta la cabeza y otea los valles y los cielos con aquellos ojillos vivaces, de ratón, que no emparejaban nada con su corpulencia y su lentitud machacona. Está un poco jadeante y no le entiendo lo que dice; pero yo creo que dice algo parecido a esto que yo aprendí de niño:

> Pa las cuestas arriba
> quiero mi burro;
> que las cuestas abajo
> yo me las subo.

¡Qué más da que fuese otra sentencia rimada; seguramente tendría el humorismo socarrón de ésta! Y si no percibí la suya fué porque estuve más atento al movimiento extraño de su boca, por donde asomaban, como queriendo escaparse, unos dientes mal enfilados que más parecían piñones sueltos y prontos para ser expelidos.

Este hombre, que nunca fué abuelo, ni padre siquiera, era ya a los 35 años un perfecto abuelo en su apariencia y un perfecto padre en cuanto a virtud poética.

¿Qué le envejeció? ¿La viudez, la filosofía?

Siempre tuvo el pudor de no hablar de la que fué su compañera. En sus versos, cuando se le cruza, le llama "ella". No fué en esto como Balart. En cambio, se le veía su viudez, le envolvía una especie de absoluto desamparo, como si de verdad "ella" hubiese sido para él la totalidad humana y, al desaparecer, hubiese desaparecido el mundo. Así era la hombría y la humanidad de este verdadero señor.

No sé si fué mujeriego antes de casarse, pero tengo la sospecha de que viudo no le enredó nadie amorosamente, con auténtico amor, entre otras razones materiales porque envejeció. Desde entonces, viejo-niño, se le ve apegado a su madre y a sus hermanos, que sin duda veían en él al niño grande y al gran niño; al gran poeta y al hombre incapaz de anudarse la corbata o de cepillarse la ropa manchada de ceniza y de barro. Su buena madre octogenaria, cuando estalló la guerra intestina, salió con él de Madrid —yo diría que como gloriosa niñera— y le siguió más allá de los linderos nacionales, donde encontraron el hoyo del destino.

El otro supuesto, el que la filosofía le avejentase prematuramente, puede parecer un supuesto candoroso y digno de piadosa sonrisa. Yo la acepto; pero sigo pensando que todo depende de la intensidad y persistencia del dolor o de la angustia. El dolor nos arruga y nos madura; y el dolor puede cegarnos y convertirnos en fieras o puede colmarnos de comprensión y caridad, de ternura para todo lo que es flaqueza humana.

El hecho es que en Antonio Machado hubo un filósofo vocacional, ya que no profesional, y que esto le imprimió carácter, lo mismo que la viudez. Fué filósofo por dentro y por fuera. No había más que oír el tono paternal, de altura bondadosa, con que decía moviendo la cabeza: "Ah, ya, Juanito", al darse cuenta de que hablábamos de Juan Ramón. Nada más que con el tono dado a tan reducida expresión podíamos notar que era una expresión filosófica, que encerraba un juicio, no adverso, pero sí de disparidad, como de quien posee otro concepto del mundo y de la producción poética.

Aunque en un acto de homenaje no suenen bien las censuras, debo confesar que en su prosa filosófica hay un paso de caballo percherón que en vano contrarrestan o aligeran las salpicaduras de su socarronería popular. También aquí se nota que la cátedra de francés le imprimió carácter. Enseñar es siempre ponerse tieso. Aun para enseñar aquello de la vieja zarzuela:

Ai se dice E
Au, se dice O;
Así, *mai*, se dice ME
y *chapeau*, CHAPÓ,

hace falta estirarse, imponerse a la mocería irreverente.

Pero esa prosa, majandona en cuanto al estilo, está llena de viveza espiritual y densidad de pensamiento. Tengo la seguridad de que esto ha de irse estudiando. Ya he visto algunas tentativas. De una de ellas escrita en la *Revista Nacional de Cultura* de Caracas, por Melich Orsini, voy a copiar el siguiente párrafo:

Fué Antonio Machado la mentalidad de más aliento metafísico que despegó el 98. (Entre paréntesis diré que esta afirmación me parece demasiado juvenil. Sigo:) Es injusto que sobre esto no se haya insistido lo bastante. Su poesía —poesía de esencias, como la de otros contemporáneos suyos— sólo vino a adquirir su verdadera ubicación en la cultura española a partir de la guerra civil. Desde entonces el nombre de Machado crece significativamente hasta adquirir categoría universal; se reconoce en el poeta del 98 al poeta de la hora trágica de España, hora en que lo superficial, la coquetería burguesa, se va a pique y queda sólo el hombre esencial.

Lo cierto, lo evidente de este párrafo es que Antonio Machado fué uno de los poetas nuestros de más aliento metafísico y que su fama no crece sino al estallar la guerra. El ensayista no alude, sin embargo, a cómo fué posible esto. Olvida o desconoce que el terreno estaba preparado, que el valor de su pensamiento y la importancia españolísima, clásica y profundamente humana de Antonio venía proclamándose por la "inmensa minoría". Que a tal valoración contribuyeron elementos de la derecha, como Eugenio D'Ors, y de la izquierda, como la Institución Libre de Enseñanza y la Residencia de Estudiantes, o sea Francisco Giner, Cossío y Alberto Jiménez. La Residencia había publicado sus *Poesías completas*, la Editorial Calleja sus *Poesías escogidas*, y *El Sol* fué dando a conocer, con su gran publicidad, sus prosas filosóficas.

Al llegar, pues, la terrible hora, los intelectuales políticos izquierdistas, conocedores de las virtudes cívicas, severas y esenciales de nuestro poeta, no tuvieron que hacer otra cosa que el maestro de escuela al decir: "Éste es el abecedario. Empiecen a leer." No tuvieron más que darle al pueblo sus escritos, porque ni exégesis ni explicaciones requerían; estaban en el lenguaje de todos y del día, y eran profundos sin embelecos. Antonio alcanzaba las profundidades alargando el brazo derechamente, sin esguinces ni manipuleos ingeniosos, sin más temblor que el temblor caliente de las venas, ese que recorre en perpetuo viraje las zonas de los sentidos y de la inteligencia: el corazón y el cerebro. ¡Con qué maestría mantuvo el equilibrio entre los poderes de uno y otro, con qué dominio y altura! Por esto será siempre un clásico.

El ensayista que aborde el estudio del pensamiento en Antonio Machado tendrá que conocer no sólo las corrientes filosóficas de la hora, sino también el krausismo de la Institución, las muchas reflexiones sobre España de los del 98 y la filosofía popular española, la folklórica, la de un pueblo viejo que oye pero desconfía de los definidores, aunque él mismo filosofa y define sin parar.

Machado, en sus soledades pueblerinas de Soria, Baeza y Segovia, se leía a Jung, a Simmel, a Heidegger, a Schiller y a todos los que Ortega fué introduciendo en la vida cultural española, pero también oía, escuchaba y rumiaba las sentencias del barbero, el arriero, el cura y el torero. Por esto su pensamiento —creo yo— debe de tener la apariencia y la calidad de un objeto mixto de culto y popular, de piel curtida, suave y hasta camuflada, y de esparto machacado.

A esto llega uno cuando lee, por ejemplo, aquellas líneas tan españolas que dedica a la encina:

> Brotas derecha o torcida
> con esa humildad que cede
> sólo a la ley de la vida,
> que es vivir como se puede.

Si después de leer a todos los perseguidores de esencias se llega a la conclusión de que la ley de la vida es "vivir como se puede", será justo pensar que en Machado no triunfa lo culto sobre el sentido profundo del pueblo.

Pero, ¡ojo!: en boca de Machado, esa frase tiene que ser muy otra que en boca del canalla, el cual también la usa. Sólo que la usa para justificar sus canallerías, mientras que en un alma elevada, esa misma frase significa humildad, acatamiento al misterio, reconocimiento de la escasez de las fuerzas individuales. Con ella parece decir: "Si la vida está montada sobre obstáculos, violencias y atropellos, dejad que, en mi pobreza, estire esta pequeña rama en busca de aire mejor; hacia acá o hacia allá, por entre los resquicios que dejen vuestro poder, vuestro mando arbitrario; yo no pretendo mandar, no sé sino vivir para la libertad y para recrearme en muchas cosas que no tienen valor para ustedes."

Mi trato con Machado no fué muy seguido, pero sí lo suficiente como para darme cuenta de su humildad, y debo decir que no era esa humildad judaica, que se echa a los pies de los caballos, sobre todo si son poderosos, sino aquella humildad del clásico que, siendo sabio, declara no saber nada. Su humildad iba envuelta en dignidad. No creo que fuese una calca de la humildad cristiana, pero como de ella se desprendía caridad, es decir, amor al prójimo, benevolencia en los juicios, templanza en los movimientos.

Sería curioso parangonar la humildad de Machado con la de Baroja. Yo veo que la de éste va acompañada de desdén. Mientras la de Machado parece decir: "No vale uno nada, pero soy hombre y miro en el prójimo al hombre", la de Baroja creo que dice: "No vale uno nada, pero, aparte de seis u ocho figuras humanas, los demás hombres son birrias despreciables".

¿No se ve claro ahora por qué la humildad de uno lo sitúa con nosotros al llegar la guerra y, al otro, con los contrarios?

Pues si con tan poco esfuerzo llegamos a entender una faceta del espíritu de Machado, anímense mis compañeros de letras y sigan buceando en la riqueza de su obra, porque han de encontrar claridades insospechadas. Cada día será mayor la valencia de Machado. Por muchos conceptos podríamos llamarle "nuestro Goethe". ¿Cabe mayor reconocimiento?

Ahora comprenderéis por qué dije al principio que me parecía demasiado modesto, y hasta medroso, llamar a este acto "acto de recuerdo". Es de homenaje, es de exaltación.

PENSANDO EN CONTEMPORÁNEOS AMERICANOS

UN ENSAYO DE QUIROSOFÍA

Dos tandas de manos mexicanas

PREÁMBULO

No dibujo estas manos por un súbito impulso de ahora, no por mera diversión. La ocurrencia es ya bastante vieja, y por ser vieja la miro como un compromiso, o especie de deber no cumplido.

Siempre he visto con hondo respeto las manos que habían producido algo de importancia para el mundo espiritual. Acaso haya en esto un residuo primitivo, una larvada creencia en la magia. Juro que hasta el momento de poner el punto anterior no había pensado en la frecuencia con que los musulmanes —posibles antepasados míos— esculpían la mano de Fátima en las claves de los arcos. En cambio, pensé muchas veces que la Edad Media gustó de conservar los corazones de aquellas personas que se habían distinguido en la vida por su calidad óptima. Hubo entonces un verdadero culto al corazón magnánimo, generoso y heroico. ¿Por qué no para las manos también?

Ellas son las ejecutoras de lo que nos manda nuestro ser completo, íntegro, no simplemente aquel motor de la sangre, ese corazón, por otros motivos tan maravilloso como el centro de un sistema planetario.

Cuando me encuentro delante de una gran pintura que interpreta al Supremo Hacedor, lo primero que miro son las manos. Y me pregunto vagamente: ¿serían así?

Fuera del Arte y de la Religión, me gusta recordar cómo eran las manos de mis mejores maestros y amigos. Al evocarlas parece que estrechan la mía desde la eternidad, los unos, y desde los cien puntos del planeta, los otros; desde allí donde los trasplantó el vendaval de nuestros días.

Las primeras que casi adoré fueron las de mi padre. Desde aquellas bondadosas y limpias manos, volé hacia otras que sintetizan para mí medio siglo de la vida española. Las de un conjunto de escritores, educadores y artistas superiores a los hombres de nuestra Edad de Oro.

Me duele ahora no haber dibujado las manos de Unamuno, de Giner, de Cossío, de Baroja, de Valle-Inclán, de Ortega y Gasset, de Azorín, de Juan Ramón, de Antonio Machado, de Galdós, de Miró, de Maragall, de Federico García Lorca, de Picasso, de Juan Gris, de Dalí, de Falla, de Granados...

Para que mañana no me duela también el haber dejado pasar sin el registro gráfico de mi lápiz las manos de los escritores mexicanos, allá van estos lotes a modo de Antología.

Tal vez fueron las manos de Unamuno las que me hicieron reflexionar más sobre el carácter de ellas y el de su espíritu. Eran tan contrarias a lo que uno podía esperar de su acento literario y de su personalidad social, tan impetuosos... Parecían de nuncio apostólico, bien comido y bien lavado. Gordezuelas, suaves, blandas, sonrosadas, escurridizas; de afilados dedos, como para manipular con cosas leves y menudas. Por algo cultivó la *Cocotología.* Y llenas de intranquilidad: por algo cultivó el amasijo constante de la miga de pan. Siempre pensé que ambas actividades sustituían en él a la actividad digital que exige el cigarrillo. Si hubiera fumado, no hubiera consumido energías en lo uno ni en lo otro.

Al pensar en aquellas actividades suyas, tan estrambóticas, tan infantiles, pero actividades al fin, sin las cuales no las entenderíamos, veo que las manos vaciadas, o vaciados de las manos, dicen sólo una parte de su carácter, una parte de la verdad; y que lo mismo puede ocurrir con mis dibujos. Reconozco que el cine puede en esto más que el lápiz. Pero, si somos muy exigentes llegaremos a la conclusión de que tampoco el cine recoge y ofrece todas las partes de la verdad. Nos deja sin noción de la temperatura, del grado de humedad o sequedad, del color interno y externo, de la fuerza o la debilidad con que apretaba la del prójimo.

Hay manos que se avergüenzan de ser sudorosas —con razón— y se deciden por usar guantes en todo tiempo. Así fueron las de aquel grafómano español Andrés González Blanco.

Yo no vi nunca sucias las de Unamuno; en cambio, nunca vi limpias las de Antonio Machado. Sobre su desaliño total escribió en verso él mismo; y de su padre conozco esta frase: "La corteza defiende al árbol", dicha a don Francisco Giner en respuesta a alguna de aquellas alusiones tan directas y graciosas que hacía el mayor y más interesante pedagogo que tuvo España en el siglo pasado. A pesar de la corteza o costra defensiva, los dos Machados aquí aludidos murieron de menos edad que Giner, el cual era la pulcritud andando.

La limpieza de las manos de Unamuno correspondía también a su limpieza general; yo diría que incluyendo la del espíritu, puesto que aquel batallar consigo mismo puede considerarse como friega y refriega de la conciencia, para que los tópicos de la vida vulgar no se adhiriesen a ella formándole costras o cortezas. Con más de 50 años seguía bañándose en agua fría y restregándose la piel inmediatamente con un cepillo de uñas para provocar la reacción. Así estaba de rojo. Aunque también pudo estarlo por ser de tipo congestivo.

El corte de sus uñas era el normal, es decir, parejo a la curva de las yemas digitales. Y ni muy raído, ni generoso. Lo justo.

En sus últimos años se rascaba mucho la cabeza y la barba, y empezó a tener caspa sobre los hombros de aquella chaqueta siempre azul, casi negra, y sobre la pechera de aquel chaleco cerrado arriba como el de los aldeanos salmantinos.

Me agrada saber que en alguna parte del mundo se estudia ya el carácter de las manos. Tenía que aparecer esta tendencia, que se da innata en el pueblo. Durante la revolución española, el obrero sospechaba sistemáticamente de quien no tuviese las manos encallecidas o deformadas. Pero el pueblo no pasa de una división primaria: manos finas y manos tumefactas; siendo así que hay una escala infinita en sus caracteres. No hay dos pares iguales.

Yo no pretendo con este esbozo de estudio hacer la competencia al quiromántico, que pretende leer, como la gitana, el destino de los hombres en las rayas y montes de la palma de la mano. Si existiera una "Quirosofía", me contentaba con ofrecerle los datos de mi experiencia visual y más o menos analítica. Pero sin olvidarme de las pesadas bromas que la morfología puede darnos. Contaba Ganivet en una de sus novelas que, estando sentado detrás de una mujer a quien no conocía, se puso a conjeturar cómo serían sus rasgos faciales teniendo en cuenta los caracteres de la nuca, las orejas y el pelo. No recuerdo bien el pasaje con detalles, pero sí que le resultaron al revés todas las conjeturas. Según sus cálculos, debería ser chata, y resultó con nariz de loro, de labios gruesos y espesas cejas, y resultó chiquita de boca, labios finos y cejas apenas perceptibles.

No voy, pues, a decir la buena ventura a los escritores mexicanos. Voy, sencillamente, a dibujar lo más fielmente posible sus manos y ofrecerlas a la "Quirosofía" en puertas o a la curiosidad de los historiadores de la literatura mexicana. Por mi condición de pintor he sentido siempre un vivo interés por las formas que se presentaban a mi vista. Posiblemente suena a herejía esto que voy a decir: "Me interesa más la forma que el espíritu". Y si éste me interesa y arrastra también, es porque me parece el medio más adecuado para dar con la forma. En el mundo no buscamos otra cosa que formas. El enamorado, el revolucionario y el filósofo no buscan sino eso mismo. ¡Cuántas clases y conferencias habrá escuchado uno que se redujeron a buscar *la forma* de definir el "ser"!

Pero con esto de la forma y el espíritu nos ocurre una cosa muy sugestiva, bien patente en este ejemplo de las manos: dibujo las manos de los escritores para luego discurrir sobre sus formas, es decir, para buscarles el espíritu. Y es que, en realidad, queremos ambas cosas, y que la una corresponda a la otra íntimamente.

Cuando la gente dice que la cara es el espejo del alma indica que las "formas" faciales pueden revelar lo interior del hombre, sus intenciones, su bondad o maldad, todo eso que quisiéramos ver con la misma plasticidad y claridad que la nariz, la boca o los ojos. En ese aforismo se vuelve a ver que el pueblo quiso desde siempre deducir de lo que es forma lo que es espíritu.

Apoyándome en esto, me decido a variar "tantito" el lema universitario de Vasconcelos, en esta forma: "Por las manos hablará nuestro espíritu". Lo cual es muy cierto, pues el espíritu de un pueblo, lo más alto y trascendental de éste, ha salido siempre por las manos que sustentaron plumas o sus derivados.

Pero no quiero ambigüedades ni juegos verbales. Es cierto que por las manos, a través de ellas puede salir el espíritu, pero ¿cabe decir que ellas revelan en su superficie eso que es cada escritor allá en sus adentros? Porque, una cosa es que las manos sirvan de conducto y, otra, que sean espejo de la personalidad.

LAS MANOS MEXICANAS

La mano diestra de *Alfonso Reyes* —aquí no se trata más que manos diestras— es muy mexicana. Su mexicanismo consiste, según los datos que voy adquiriendo, en ser pequeña, corta, llena y de uñas nada alarmantes. En la de Reyes hay, desde luego, una particular redondez, con tendencia al perfil ovoide del conjunto. Es una mano acolchada, acolchonada, enguatada, que se diría poco ágil para agarrar un palillero fino. Recuerdo que la primera pluma-fuente de grueso volumen se la vi a él hace muchos años, en España.

La postura que adoptó para ser retratada a pluma resulta de plena dejadez, como diciendo: "Ahí la tiene; qué más me dan a mí ya las posturas y los modos de ver". En esta mano muelle, que respira molicie y sensualidad, hay un signo de trabajo, un signo profesional, la protuberancia callosa en el dedo del corazón por abuso de la pluma.

Un detalle muy particular ofrece la desviación de las uñas. Todas quieren huir hacia la derecha —hacia la izquierda de quien mira—. No siguen la trayectoria de los dedos. Quieren escapar, salirse, volar. ¿Significarán con esta rebeldía la tendencia lírica del autor? No se me ocurre otra cosa, pues, por lo demás, la línea literaria de Reyes no se altera a lo largo del tiempo. Ahora, que está en la cumbre de su producción, acusa los mismos caracteres y las mismas preferencias de siempre. Sus temas siguen siendo los filológico-filosóficos de ayer, aunque presentados cada día con más arquitectura y diafanidad, y con más perfiles, rizos y profundidades. Y con más delicado humorismo. Yo veo en su estilo, como en sus manos, un marcado mexicanismo, donde las soleras española, francesa, inglesa e incluso helénica quedan remansadas, mientras, por decantación, su esencia genuina o indígena se lanza al severo juego lineal que vemos en los relieves arquitectónicos de México.

Recuerdo las manos de Reyes arreglando su mesa de trabajo mientras conversa; corrigiendo la colocación de un pisa-papeles, de un limpia-plumas, de la cajita de sellos o de los lápices. Las recuerdo hurgando en sus numerosos ficheros y cajas distribuidoras, buscando el papel, la nota, la carta o el apunte que están en sus sitios precisos para facilidad del escritor. Su mano es mano de orden y distribución. Pero, contra lo que esto puede sugerir, no es seca mano de erudito. Cuando de la tarea pasa a estrecharse con la del prójimo, se nota que es efusiva y blanda, como corresponde a su carnosidad y a su sentimentalismo.

Recuerdo la mano de Reyes partiendo el pan en la famosa "Venta de Aires", de Toledo; llevándose un bocadillo a la boca en algún vagón de tercera español, sin restaurant; elevándose con ademán iluminativo y triunfal durante la emisión de unos versos o de una frase galaicamente acuñada; aplastándose sobre su frente, dolorida con harta frecuencia, o descendiendo y separándose del cuerpo en actitud de repulsión.

No obstante lo internacional de Reyes, hay en sus manos la expresividad latina. El trato con los nórdicos no le ha borrado esta condición. La chispa que ilumina los ojos de Reyes al enunciar una agudeza, crece y se expande a través de sus manos.

Y, sin embargo, no son nerviosas. Son manos ejecutivas, pero con *tempo*. Aunque el mismo *tempo* le imponga a veces la trepidación o el trémolo.

No de todas las manos mexicanas puedo decir tanto como de éstas, por la sencilla razón de que no las he visto vivir o moverse libremente, sino aplomadas o plantadas ante el dibujante. Esto me ocurre, entre otras, con la de *Abreu Gómez*. Su mano es de limpio trabajador, con cierta rusticidad envuelta en delicadeza. La fuerza de las falanges se compensa con las curvas carnosas o blandas. Mientras la dibujaba, le dije: "Parece que los escritores mexicanos han sido o son a la vez horticultores". La actitud adoptada sin rebuscamiento aparenta la franqueza de quien va a jurar. Parece mano leal, fraternal y paternal. Mano abierta y asentada. Mano de bondadoso maestro escolar. Sabemos que se pasa más de media vida en la escuela.

Fuera de esto, se pueden distinguir en esta mano rasgos de tenacidad y apasionamiento, que se confirman con sus largos, laboriosos y fervientes estudios sobre Sor Juana Inés de la Cruz, que le llevan hasta bautizar a su hija con el nombre de la monja poetisa.

Y creo ver en esta mano, ternura, blandura, confirmada por las reseñas de libros que hace y, sobre todo, por su *Canek*, librito que reúne acentos de Tagore, el escritor hindú difundido en castellano por Juan Ramón Jiménez, con recuerdo de Jules Renard, el francés que hizo mella en algunos escritores hispanos, y modos yucatecos que, por su origen probablemente asiático, tienen mucho de las parábolas de Jesús.

Conozco esta mano apretándose la frente doliente o agarrando su voluminosa cartera de escritor, erudito y maestro de niños. En esta segunda actitud se pierde casi por completo a mis ojos, no quedándome más que la figura de un hombre bajito que se aleja abrumado por el sinnúmero de cosas desagradables que la vida le impone para vivir o que la vida le interpone para que no haga su voluntad.

Hay manos que engañan lo mismo que las caras; manos que no parecen capaces de romper un plato y son, sin embargo, violentas, trasmisoras de violencia. Eso ocurría con las de Unamuno y esto ocurre con las del *Lic. José Vasconcelos*, que se parecen entre sí, aunque siendo más poderosas o voluminosas las del gran bilbaíno.

La mano de Vasconcelos es pequeña y fuerte, con ese algo de labriego apuntado antes. Cuando le invito a posar, se excusa de su falta de aseo por estar pintando no sé qué en su huerta. De algún modo tenía que confirmarse mi supuesto de la horticultura.

Es mano correcta, pero con algunas desproporciones, por ejemplo, la distancia de la punta del pulgar a su primera falange, que es muy corta.

Yo no he tratado a esta primera figura mexicana. Recuerdo, pues, lo ya dicho. No sé cómo se porta su mano en el espacio a cada momento del día. No sé cómo navega; si es agitada o tranquila, si es pobre o rica en medios expresivos. De todos modos, aquí tenemos una actitud de mano que por su recogimiento habla de concentración, de unificación total de sus elementos hacia un fin. Vasconcelos ha dado pruebas de todo esto. Su abundante producción literaria no se hace con la mano distraída, ni con el espíritu disperso o divagado, como se dice aquí. Pero la concentración equivale al ensimismamiento, y éste nos evoca la pasión cerrada por algo, hasta concluir en el fanatismo.

Morfológicamente contraria a ésta es la de *Octavio Paz*, gran esperanza de la lírica mexicana. Noto que es audacia poco de mi gusto escribir de los escritores que no han desarrollado todavía su cuerpo literario. No obstante, como la sensibilidad de Paz me parece legítima por las muestras dadas, le dibujé la mano.

En ella no se acusa el horticultor. Es blanda, suave y muy singularmente pequeña. Parece mano de adolescente, casi de niño. Cosa que se acentúa con la manera de agarrar la pluma. La postura del índice es casi dolorosa de contemplar, y es un vestigio infantil, un vicio no corregido en la escuela primaria. Tal postura no es dinámica. Aunque quizás sea eso lo que le convenga a un poeta cuidadoso de sus vocablos, medidor de sus intuiciones. Quién sabe si por esa torpe postura ha escrito versos como éstos, entresacados de sus libros:

> Una rosa en la mano y en la otra
> el dulce peso de los cielos quietos
> ....

> Discípula de pájaros y nubes
> hace girar el cielo lentamente.
> ....

> Bajo el desnudo y claro Amor, que danza,
> hay otro negro amor, callado y tenso.
> ....

Por contraste con la mano de este joven poeta, paso a la de *Julio Torri*, que se abre gentilmente como para dejar caer los dados de la suerte. No cabe duda de que nos hallamos ante una forma grácil, distinguida, un poco indolente. Parece tallada por un escultor del siglo XVIII, o dibujada por el pintor colonial Cabrera. Esta mano tiene que escribir cosas agudas y delicadas. Esta mano se recrea con las ricas encuadernaciones de los libros selectos y bien ilustrados.

Es mano de bibliófilo y de recatado y pulcro catador de Venus. Lo que no se sospecha al mirar es que pertenece a un aficionado a la bicicleta.

Reconozco que para un estudio como éste me serviría mucho conocer las pequeñas manías manuales de cada escritor. No todos tienen alguna, pero los que la tienen se regocijan y nos regocijan. Así ocurrió con las pajaritas de papel de Unamuno; y todo el mundo sabe que Valéry-Larbaud se entretiene con una admirable colección de soldaditos de plomo.

Sé que *Xavier Villaurrutia* manejaba los lápices y los pinceles por pura diversión o recreo. De su mano nadie puede pensar que cultive la huerta o se ejercite en trabajos rudos. Ningún esfuerzo penoso ha descompuesto sus líneas distinguidas. Su mano es mano de hidalgo del Greco: larga, afilada y flexible. Ha disimulado el dedo del corazón, al posar, y cuando se lo digo, contesta que es cierto y que siempre ha procurado recatar el corazón; yo entiendo que el sentimentalismo de otros vates.

De todos modos tengo que declarar la rareza de esa postura digital. Si se repasa la pintura italiana del Renacimiento, tan rica en manos bien dibujadas, veremos que lo frecuente, para destruir el monótono paralelismo de los dedos, es ayuntar los dos más largos, el del corazón y el anular.

Fuera de esta particularidad, se nota en su mano indudable agudeza, respondiendo así a la de sus rasgos faciales y a la de su inteligencia. Así se figura uno que deben ser las manos de los críticos y de los que como él han dedicado horas y poemas a la Noche, la Muerte y la Rosa, temas de siempre, pero tratados con nuevos destellos, cabrilleos, enlaces y relaciones sutiles.

Una mano así no puede ser de un ingenuo, ni de un recién llegado a la literatura, sino de quien está avizor y dispuesto, preparado por horas y horas de aprendizaje y por dones propios de la naturaleza.

Mano fuerte y fina a la vez es la de *González Martínez,* que se abre o despliega para que el humo de su perenne cigarrillo escape por las aberturas de los dedos. La mano del fumador suele adoptar posturas delicadas, leves, como si quisiera volar o tocar el piso, como si quisiera pronunciar un discurso, esbozar una parábola o invitar vagamente a una copa.

La de González Martínez acusa flexibilidad y nervio; y parece que quiere hacer todo lo antedicho al mismo tiempo, porque es fogoso en su manera de hablar y rápido.

El mexicanismo cien por cien de esta primera figura de las letras se acusa reciamente en su mano, pero también su contacto con la Francia pulida de otros tiempos.

Por un aspecto muy distinto es interesante la actitud que presenta *Ortiz de Montellano.* Puede ser interpretada como indagación en la sombra, o como caminar a tientas, o como despegar los dedos después de tañer un salterio.

Morfológicamente es menos chata y regordeta que la de otros mexicanos; más aguda en la yema de los dedos. Pero, repito, lo más sugestivo en ella es la actitud vagarosa, esencialmente poética, de quien habla en silencio y apunta con negligencia los envíos del alma.

En el mismo número de *Letras de México* donde di la primera versión de este ensayo, aparecieron fragmentos de su poema "Navegación del alma", ignorado por mí hasta entonces. Reproduzco algunos versos porque responden exactamente a lo que me había sugerido su mano.

> Donde navega el alma,
> Donde, a solas, navego.
> ....
>
> Persuadido del alma que navega
> en la invisible música del sueño.
> ... .
>
> Y a la orilla del alma me conduce.
> ....
>
> Anfiteatro infinito.
> Lejanía que los ojos no pueden alcanzar.
> Edificio soñado
> adonde entraba el ruego pequeño de las olas del mar.

Hacia este edificio soñado y este anfiteatro infinito parece que se alarga su mano.

Además, Ortiz de Montellano habla en voz muy queda, cuando dialoga. Pero sin afectación, ni rebuscamiento de palabras. Su voz parece venir de muy lejos, como la afirmación "pequeña de las olas del mar" cuando ya no son olas, sino respiración marina de las playas.

En cambio, la mano de *Torres Bodet* no fluctúa ni divaga: se posa con seguridad. Mano de aparente sencillez que está, sin embargo, llena de elocuencia. El perfil que va desde el dedo gordo a la muñeca, es de una gran suavidad y dinamismo, mientras los dedos índice y del corazón gravitan a conciencia. Me asalta, no obstante, la sospecha de que estos dedos se hallan en actitud de caminar. ¿Nos dicen que su norma es caminar con aplomo? ¿Esto se me ocurre por saberle diplomático? Probablemente, sí. Pero también por conocer su carrera literaria, que no debo llamar carrera estrictamente, sino paseo bien acompasado, saludable caminar sin prisas, que permite mirar hacia adelante, hacia los lados y hacia lo que ya quedó en el fondo del tiempo.

¿Qué peso lleva esta mano grande —grande para ser mexicana; acaso por entronque céltico— en el dedo del corazón? Un anillo, una anilla tal vez simbólica, porque el corazón del poeta suele vivir preso, anillado.

Mano grande también, mucho más grande que la anterior es la de *Salvador Novo*, notándose en ella su ascendencia galaica. Mano huesuda, de aspecto duro, afilada y cuidada con esmero, como corresponde a quien cultiva la crítica, la sátira, la censura de los acontecimientos sociales. Mano de inquisidor. ¿Cómo fueron las de Torquemada? Mano que ya no escribe, sino posa o repiquetea en la mesa mientras dicta a la máquina.

¿Por qué se desvió Novo de la ruta lírica? Notemos que uno de los dedos, el meñique, se desvía de los otros en un escorzo algo violento. ¿Se violentó Novo para desviarse de la literatura propiamente dicha, o la dejó, como algún notable poeta francés, por infinita desgana, tedio y desengaño? Después de haber dicho que el aspecto de su mano acusa rasgos de inquisidor, la respuesta es que su estructura le condujo inexorablemente a un ejercicio de las letras mucho más violento que el de la poesía.

El tanto por ciento de poetas en esta colección de manos literarias es muy grande. Así es y así debe de ser. Los verdaderos poetas son la sal del mundo, aunque lloren, aunque no vean más que el lado calamitoso de la vida. En cambio, los otros, los malos poetas son la maldición, en el sentido directo de la palabra y en el figurado. Porque dicen mal, porque mal-dicen, y porque son instrumentos del diablo.

Paso a las manos de *Pellicer*. Recientemente he tenido el honor de dibujar una viñeta para su nuevo libro, y la viñeta es esto: un nopal saliendo de una copa, incluídos él y ella en una esquemática forma de templete clásico. ¿Es esto una mediana interpretación de su alma, de su poesía, de él?

Su mano es correcta. Yo no tengo nada que objetarle. Me parece la mano de un marino, acaso por el simple detalle de salir por la estrecha manga de una camiseta. No, y por su postura limpia de todo prejuicio, al menos de todo prejuicio terrenal o terrestre. (Los prejuicios marinos deben ser de otro tipo, que desconozco.)

Pellicer ha recorrido tierras y mares, ha cruzado sus pensamientos con hombres de todas las razas, pero su mano sigue impertérrita, y lo mismo su fe cristiana. Ningún esguince, ninguna torcedura en ella.

Se ha posado sobre una forma rectangular, clásica, con el aplomo de los que miran lejos; de los marinos, de los poetas.

Martín Luis Guzmán, en cambio, se ha llevado la mano a la cabeza, quizás pensando en lo absurdo de mi empeño. Él es novelista, lo cual quiere decir que anda metido en las complicaciones duras de la vida, si tomamos como definición de novela la de Stendhal: "un espejo puesto en el camino".

Guzmán ha vivido revoluciones, acá y allá. Ha convivido con revolucionarios, ha hecho periodismo, ha fracasado en unas cosas y triunfado en otras; tiene lo que se llama lastre. Y su mano está curtida, hecha. Es la mano musculosa, donde las uñas parecen clavadas. Mano fuerte, como para empuñar una tizona. En el dibujo resulta especialmente fuerte el pulgar por ser el único dedo que no se comba siguiendo la curvatura de la cabeza. Por sus proporciones es muy mexicana.

Un muchacho algo cándido me preguntó lo siguiente cuando aparecieron trozos de este ensayo en *Letras de México:* "¿Qué se propuso usted con eso de las manos?"

Demasiado sé que las manos han sido elementos compositivos en la pintura suprarrealista, y que luego le sacaron el significado freudiano consiguiente, porque hoy se pretende que las teorías de ese gran espíritu, perdido ya, lo explican todo. Contra dimes y diretes cerraré, pues, mis consideraciones quirosóficas declarando que mi punto de partida al idear la colección de manos no fué otro que el dejarlas como documentos a los historiadores literarios de mañana, a los que se interesen por los escritores de su país.

OTRA TANDA DE MANOS MEXICANAS

A la lista de diversiones extravagantes que tiene el hombre cabe agregar esta que llamo *Quirosofía*. Consiste ella en dibujar manos de gente notable, para indagar sí en sus formas se revelan algunos rasgos de la personalidad.

En 1940 publiqué un folleto titulado *Doce manos mexicanas*, todas de escritores. Creía yo —sin darle importancia científica al ensayo, aunque sí una poca, por lo que tengo de supersticioso— que contribuía con ello a la Historia Literaria del país. Que mañana, o dentro de un siglo, agradecerá el lector o investigador el poder ver cómo fueron las manos que escribieron tales libros, poesías, artículos o cuentos.

Han pasado siete años y ahora salgo con un lote nuevo, integrado por las manos a pluma de un grupo de jóvenes intelectuales y artistas que constituídos en Sociedad, "vienen metiendo ruido". ¿Por qué no usar esta vieja frase? Sobre todo en esta ocasión, donde vale tanto en sentido figurado como en sentido directo. Porque, aunque la "Sociedad Mexicana de Estudios y Lecturas" está integrada por profesores, doctores, ingenieros y profesionales de categoría y responsabilidad, cuyos trabajos "arman ruido" fuera de la patria, su juventud, la vitalidad de algunos tiene una fuerza tan expansiva, que suena, hace ruido materialmente escandaloso en el ámbito donde se congrega.

Es un grupo que me recuerda mucho al de Dalí, García Lorca y Buñuel, en el Madrid de 1927, por el entusiasmo, la fe en sí mismo y la expansividad. Reitero este concepto último por lo que se verá después. También aquel grupo de jóvenes españoles armó ruido en y fuera de España, con sus producciones: cuadros, películas, poemas, dramas.

Los miembros de la naciente y ya floreciente "Sociedad de Estudios y Lecturas" me son casi desconocidos en persona. Con algunos no he pasado arriba de media hora; el tiempo de saludarnos, dibujar las manos y cambiar unas cuantas frases entre sorbos de café o de refresco. Son amigos, pero no compañeros de edad. Si algo nos aglutina, ese algo está fuera del tiempo y de la materia. Si ellos me buscaron como a posible intérprete de sus manos, teniendo un magnífico dibujante consigo, y si yo me presté a la tarea fué, en primer lugar, por el antecedente de mis *Doce manos mexicanas* y, en segundo lugar porque se habrán enterado ¡quién sabe cómo! de que a mí nada me agrada tanto como ver el crecimiento de los Paricutines espirituales.

Este nuevo foco espiritual no está compuesto por literatos. Aunque figuren en él Octavio Paz y Fernando Benítez, la mayoría es de los científicos, y dentro de ella, la de los matemáticos aplicados a la astronomía.

Ya este solo hecho da un carácter muy original al grupo. Tenemos la minoría estelar del gran doctor Graef, Barajas y Haro, dentro de la mayoría científica del ingeniero Tamayo, el arquitecto Carlos Lazo, el psiquiatra Dr. Carrión, el filósofo Leopoldo Zea, el historiador Arnáiz y Freg y el sociólogo y político José Iturriaga. La minoría literaria y artística se compone del pintor Anguiano, el escritor Fernando Benítez y el poeta Octavio Paz, que por cierto es la figura de enlace con la otra tanda de manos que hice el año de 1940.

Tengo frente a mí, por consiguiente, las manos de unos señores cuyas vidas, hábitos, manías y casi virtudes desconozco más o menos. Por mis escasas referencias no me puedo guiar. ¿Cómo haré pues, mi estudio quirosófico?

Para contestar pronto y por derecho diré que la cosa no es tan grave; que yo no pretendo hacer una semblanza completa de ninguno de estos personajes; que me contento con apuntar el carácter que se desprende de la mano. Algo que puede ver cualquiera. En realidad, las palabras huelgan; el análisis queda hecho con el trazo del lápiz o de la plumilla.

A la posible pregunta de algún lector: "¿Por qué retrata usted las manos y no las cabezas?", respondo: "Por variar, y porque, después de las caras, lo más importante de un hombre que escribe es la mano." Ni modo que el interés de un cuerpo intelectual esté en los bíceps o en los pies. Hay quien sostiene que los zapatos revelan bastante bien el carácter de las personas, pero hoy por hoy no descuelgo mis estudios hasta ese nivel.

La Quirosofía, tal como la entiendo, carece de método, y por esto es intrasmisible. No es ciencia, sino un disparo de lo intuído, de lo provocado en la conciencia al chocar con un detalle morfológico de la mano. A quien la practica, le guía su poder de observación, su agudeza, poca o mucha. No creo que haya en las manos nada tan expresivo como los ojos en la cara, pero las proporciones y las inflexiones de la carne y de los huesos nos dicen mucho a los acostumbrados a trabajar con la vista. Un retrato de Alfonso Reyes no puede tener las manos de Mona Lisa. Lo cual quiere decir que "a cada uno, lo suyo", que los miembros de un cuerpo son intransferibles.

La mano del *Dr. Graef* es la que le corresponde a un hombre gordo, y como tal, sonriente y amable. Al contemplarla cerrada vemos que sus músculos contraídos se sienten incómodos, quieren extenderse. Si a esto se une que el individuo se ha ocupado de la bomba atómica, el humorismo más humilde lo relaciona con su expansividad.

La mano del Dr. Graef me recuerda el título de una vieja película muy buena: "La mano que aprieta". Sería una afirmación barata decir que es una mano medio teutónica, puesto que ya su apellido nos declara que por sus protuberancias corre sangre tudesca mezclada con mexicana. También sería fácil pensar que esta mano apretada indica energía, tesón y firmeza. Sí, pero no dureza. Lo que ya no se ve tan fácilmente es que ella encierra un *protón;* un pro--algo muy importante.

En suma: es una mano hecha bloque firme, que se planta en la mesa y dice: "Preguntadme por el misterio del Universo; yo responderé".

En vivo contraste con la mano de Graef están las del filósofo *Leopoldo Zea* y del *Dr. Carrión*. La del primero, ascética, descarnada, parece ir adelantando suavemente y señalando con delicadeza lo esencial, lo digno de tenerse en cuenta; pero sin pedantería germánica, en el tono bajo y cauteloso de la raza. Hablando en términos líricos, diría que es una mano que se alimenta del *ser* y del *no ser*. Mano que es, mano que ya es. Que ha conseguido ser espíritu.

La del *Dr. Carrión.* descarnada también y fina, de tercera generación sin trabajos rudos, habla de apatía, como si pensase que ella no es más que trasmisora del pensamiento; que baja involuntariamente, soñando, a bucear en el pozo de la conciencia; que sabe que lo escondido en ésta es intangible. Sus dedos, largos y finos, no van a prender una perla, sino un motivo. Un motivo de sufrimiento, un quiste moral.

La mano de *Fernando Benítez* la he traducido con dobles perfiles entrelazados por ver si así lograba reflejar su inquietud interior. Su silueta, si la proyectásemos como sombra chinesca en la pared, simularía la forma de una cabeza de zorro; cosa nada inconveniente para un periodista o escritor en general.

La actitud de esta mano parece de diplomático nativo, que se mueve desembarazadamente y que lleva soluciones en las puntas de los dedos. Esta mano tira con frecuencia de los puños de la camisa para alargarse más, para ir más allá.

La mano de *Iturriaga* es la mano que escucha, la que amplía el pabellón de la oreja. ¡Qué bueno si todas las manos políticas oyesen! Ser un poco sordos del oído y oyentes por la mano, que es la que ejecuta.

En cuanto a su morfología es cuidadosa y no dura, como almohadillada o enguatada. Esto es una gran ventaja para él, como lo sería para otro cualquiera, porque en la guata se embotan los ataques, forzosos en la lucha. Se embotan, pero se perciben, porque Iturriaga es un sensible polemista, un buen dialéctico. Buen escuchador y buen replicador.

La mano de *Arnáiz y Freg* se me presenta aquí como imperativa, de profesor, de San Juan con el dedo tieso, de animador, de precusor, de... "¡Hay que fijarse en lo que ocurrió tal año!" ¿Es así? ¿Por qué me asalta esta duda? ¿Por qué se me ocurre ahora que la postura mandona de "¡Atención, chicos!" se puede trocar en otra que implique una solicitud, como diciendo: "¡Dígame, maestro!?" Quizás por la amabilidad y la condescendencia de que hace gala en su trato. Su mano, por lo demás, es equilibrada, sin rudeza, pero sin debilidad, de varón bien alimentado y nada atormentado. Mano de generación progresiva.

Algo empareja con ella la del pintor *Anguiano* por el volumen, la vellosidad y la nervatura. Mano fuerte y con la deformación profesional o callo producido por el pincel. Deformación que en este caso se produce en el dedo anular porque Anguiano toma el instrumento de un modo poco frecuente. Lo normal es que el pulgar y el índice opriman al pincel contra el dedo del corazón, y que sea en éste donde se forme el callo. Anguiano descarga tres fuerzas sobre el anular, y su equilibrio tiene que ser otro; no sé si más suave. La impresión de conjunto que me hace esta mano es de corresponder a un obrero, a un menestral o trabajador manual, quizás más escultor que pintor. Y, en efecto, en sus pinturas se ve que atiende mucho a la construcción, al volumen rotundo y hasta como si pintase con polvo de ladrillo recocho.

Mano limpia y un poco exangüe es la del *Dr. Barajas*. Quisiera decir que débil, pero sin que ello pretenda aludir a la totalidad de su carácter o de su personalidad. Débil por no hecha a trabajos manuales de cierta rudeza; mano de intelectual meticuloso, al que por herencia le llegan ya un poco domados los músculos y completamente descortezada la piel. Sin vérseles las uñas, se descubre en el dibujo que se trata de una mano cuidada, correspondiente a un hombre cuidadoso.

Mano pequeña y normal es la del ingeniero *Tamayo*; ni de señorito ni de obrero; frecuentemente adopta la postura que se ve para corregir la inclinación de las gafas. ¿Se trata de un *tic* nervioso? Yo lo considero como un tic, en efecto, pero equivalente a esas muletillas que usan los oradores y hasta los escritores como compás de espera que les permite pensar en la frase que ha de seguir, o como puente para saltar a otro aspecto de la cuestión en desarrollo; algo semejante a un "Ahora bien" o a un "Sin embargo, teniendo en cuenta". No conozco lo bastante al ingeniero Tamayo, pero la frecuencia de ese movimiento bien pudiera indicar que tiende a reprimirse, a contener la frase, a meditar bien lo que ha de decir.

Llegamos ahora a una mano aristocrática, pero sin debilidad, bien nutrida, contenta y ágil. El arquitecto *Carlos Lazo* me señala unas líneas, unos planos y, al hablar le sorprendo la postura que puede verse; postura dinámica muy gustada por el Greco; actitud de buen conversador, de hombre que tiene obligación de razonar y convencer a otro. Es mano que dirige y aclara, que ordena y explica. Ha soltado el lápiz y dice: "Las grandes arterias urbanas han de ampliarse por ahí, por donde le digo".

Inútilmente he pretendido dibujar la mano del astrónomo *Sr. Haro*. Vive fuera de México, en el observatorio de Tonantzintla, cada vez más concentrado en sus estudios y más adverso al mundanal ruido. Aunque no le conozco, quiero decirle desde aquí que si antes me declaré entusiasta de los Paricutines espirituales por lo que tienen de removedores de la charca y creadores en medio del tráfago humano, siento el mayor respeto y el mismo entusiasmo por los que renuncian y se consagran religiosamente a lo que ha de redundar en beneficio de todos.

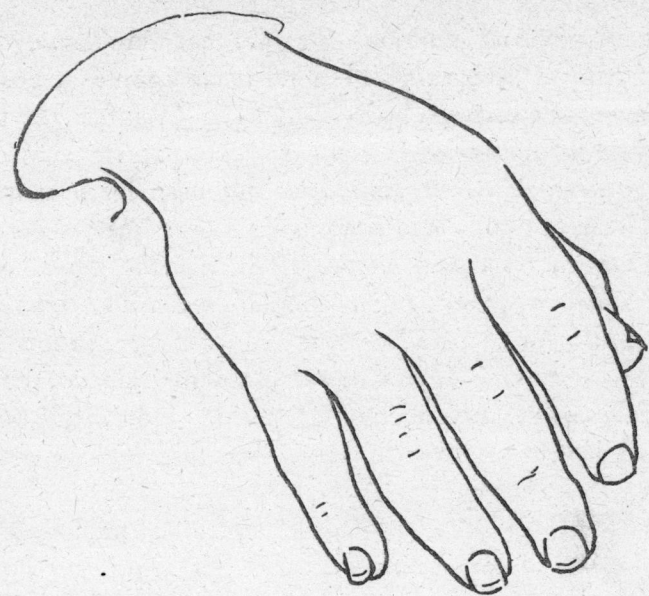

ALFONSO REYES

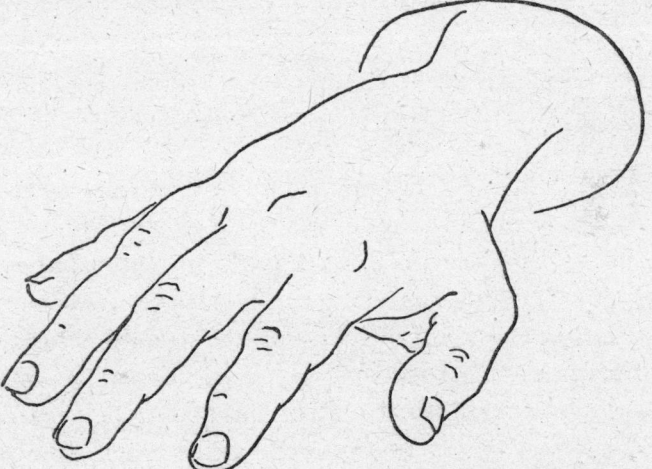

ERMILO ABREU GÓMEZ

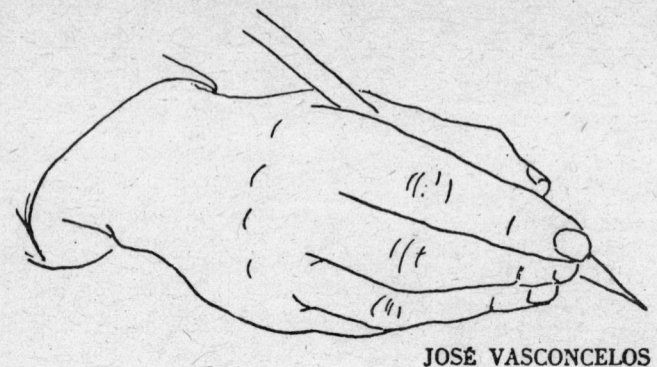

JOSÉ VASCONCELOS

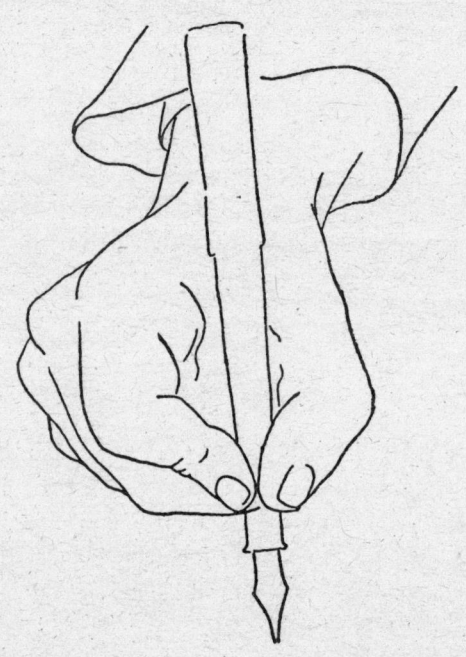

OCTAVIO PAZ

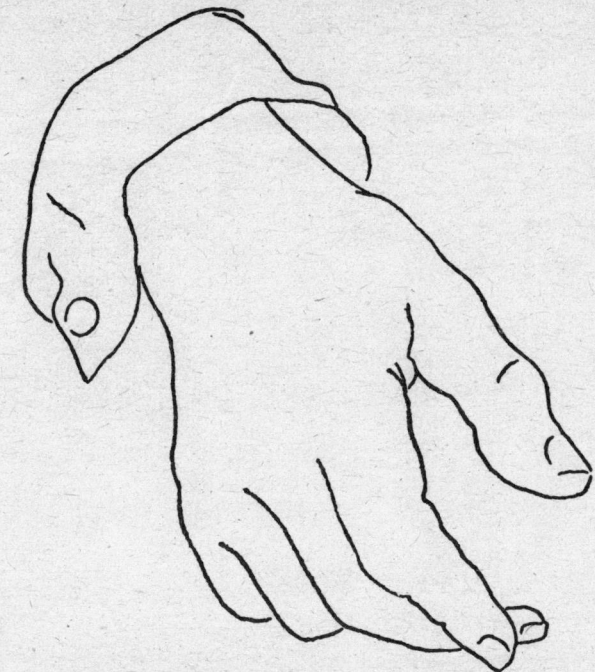

JULIO TORRI

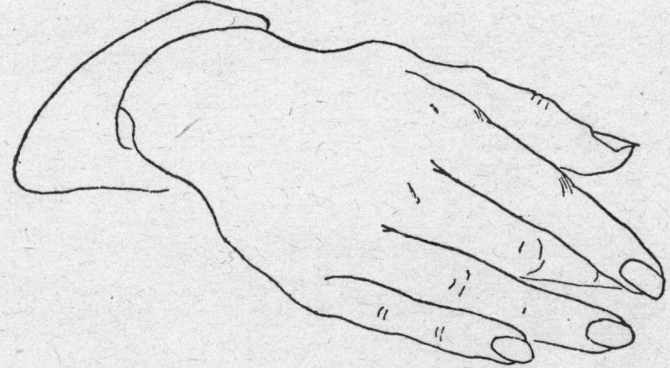

XAVIER VILLAURRUTIA

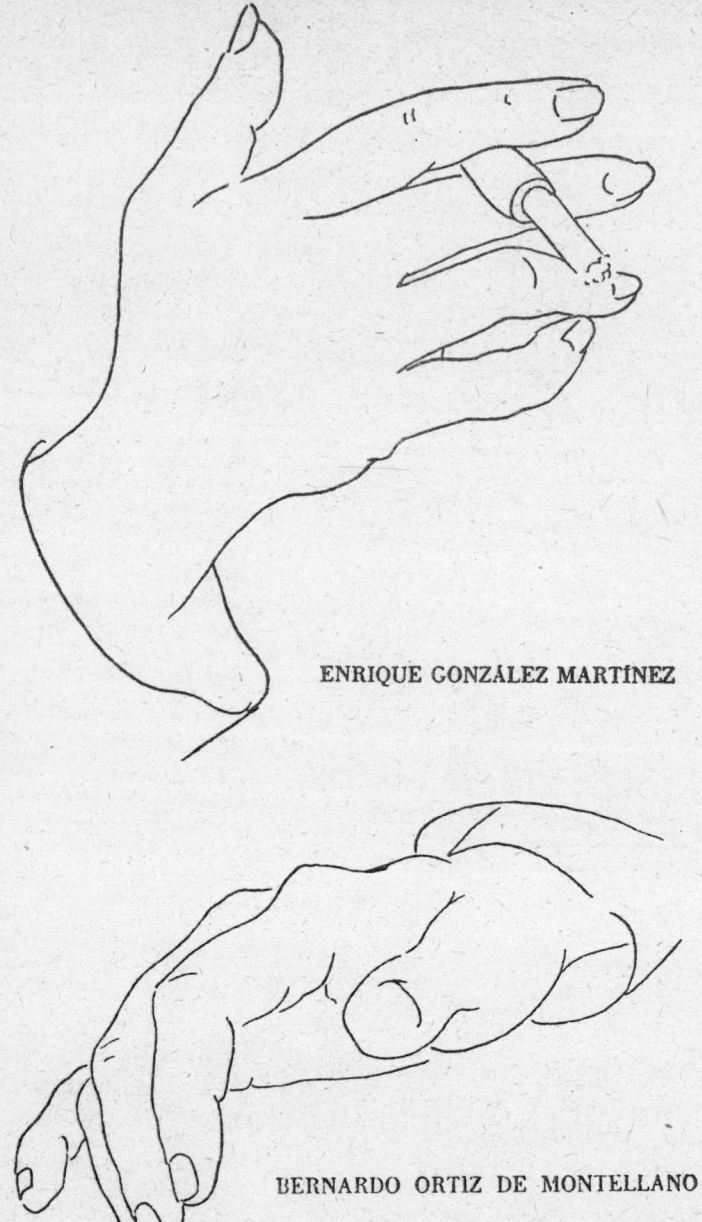

ENRIQUE GONZÁLEZ MARTÍNEZ

BERNARDO ORTIZ DE MONTELLANO

UN ENSAYO DE QUIROSOFÍA

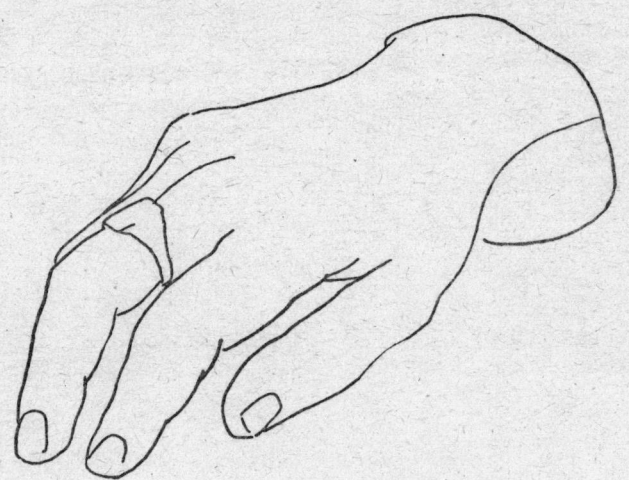

JAIME TORRES BODET

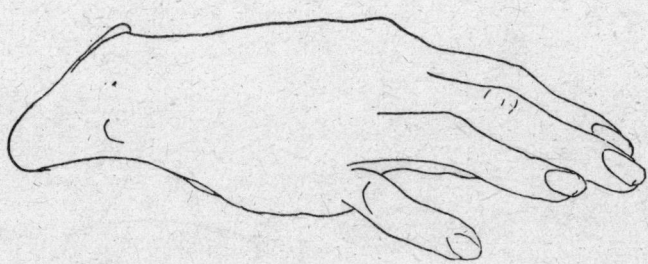

SALVADOR NOVO

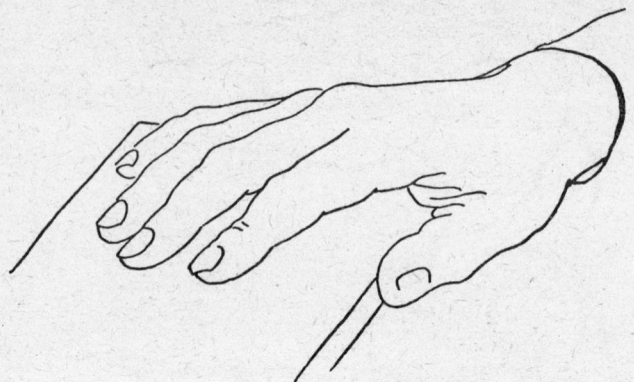

CARLOS PELLICER

MARTÍN LUIS GUZMÁN

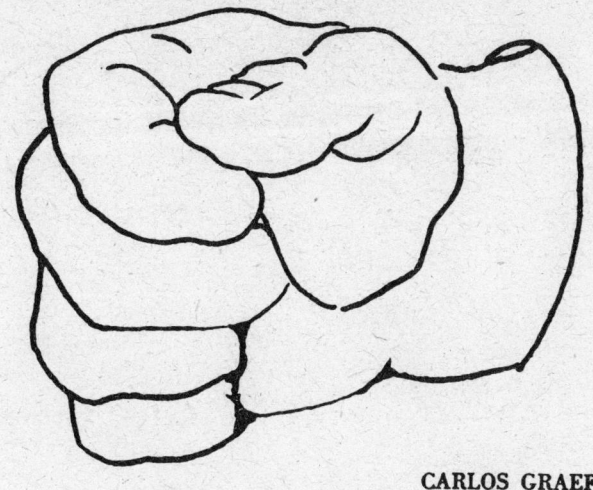

CARLOS GRAEF

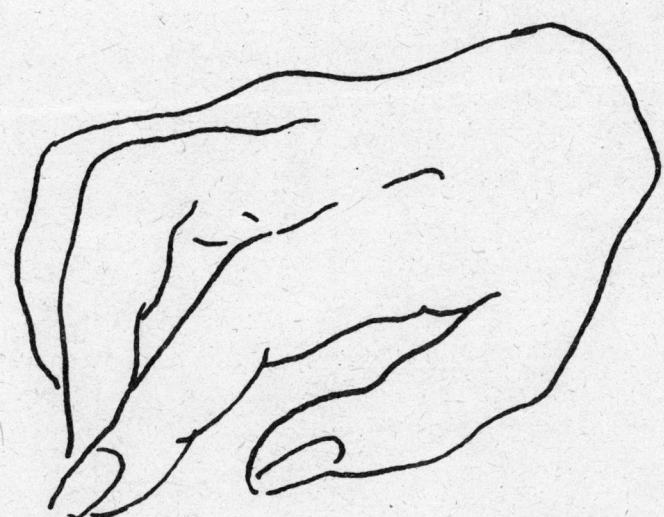

LEOPOLDO ZEA

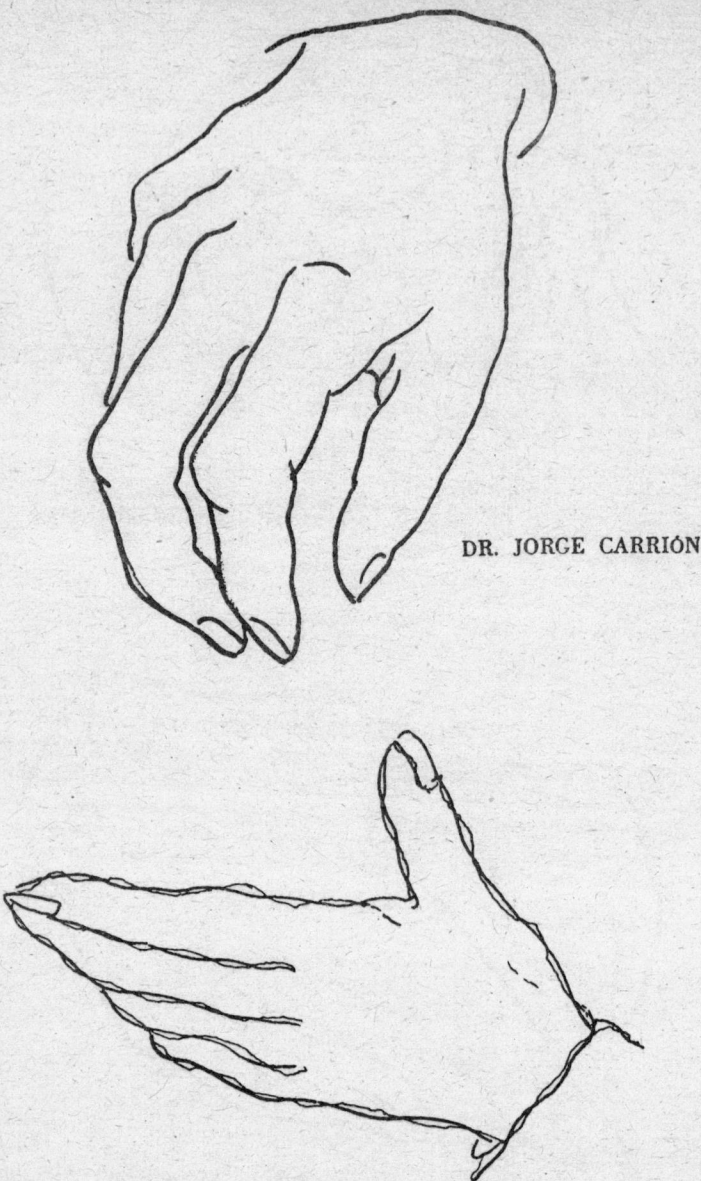

DR. JORGE CARRIÓN

FERNANDO BENÍTEZ

UN ENSAYO DE QUIROSOFÍA

JOSÉ E. ITURRIAGA

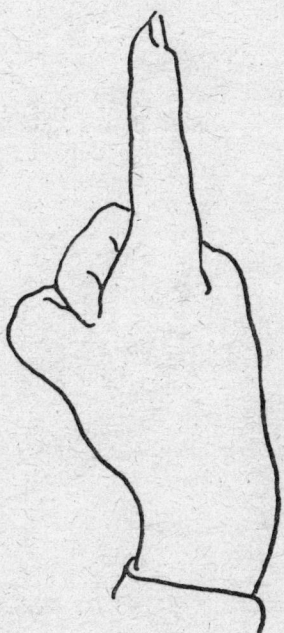

ARTURO ARNAIZ Y FREG

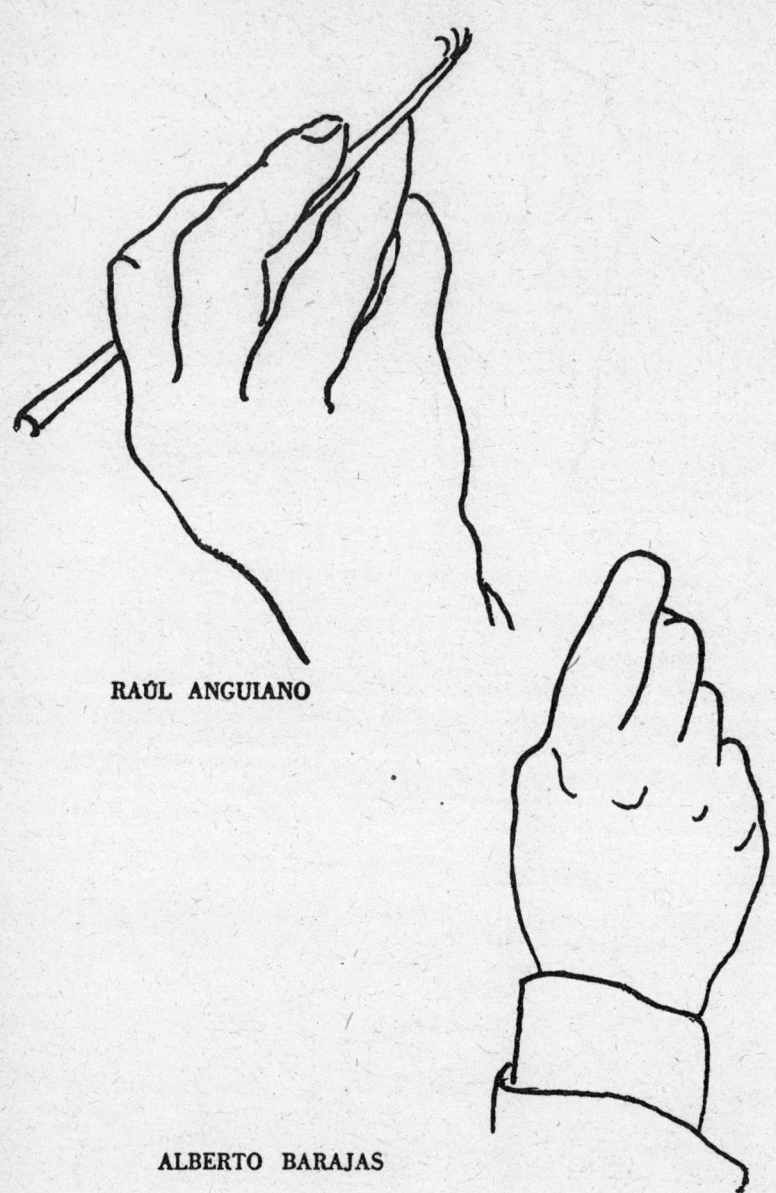

RAÚL ANGUIANO

ALBERTO BARAJAS

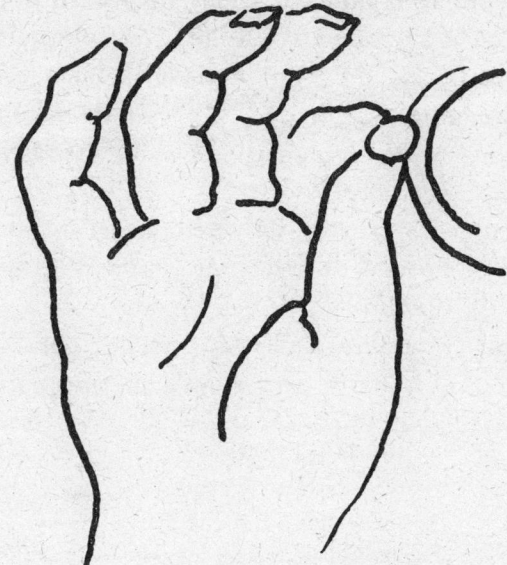

JORGE L. TAMAYO

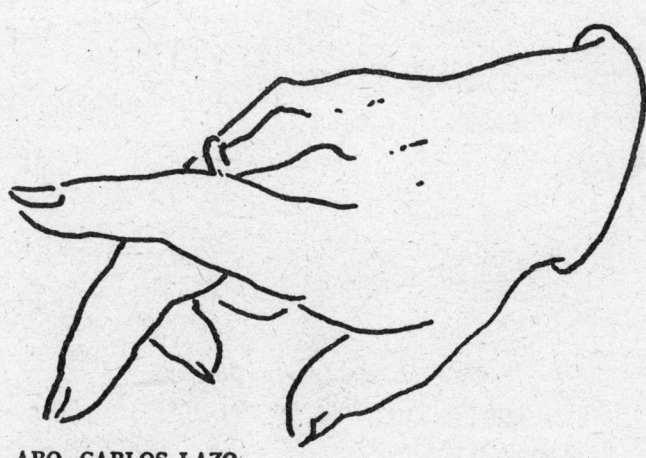

ARQ. CARLOS LAZO

ALFONSO REYES Y LA POESÍA

En un artículo de Francisco Giner de los Ríos publicado en *Cuadernos Americanos* (6, 1948), con el título de "Invitación a la poesía de Alfonso Reyes", buen artículo, se hace esta pregunta: "¿Por qué la poesía de Alfonso Reyes se deja generalmente en un segundo plano o se olvida cuando se habla de su obra?"

La pregunta es grave y ha suscitado en mí el deseo de releer la obra poética de este gran amigo y gran escritor. En lectura de estudio, no de pasatiempo.

Según mi costumbre analítica, comencé por anotar versos sueltos, giros y hasta expresiones que me parecían significativos. He aquí algunos, entresacados del libro *La vega y el soto*:

1. Y que tiende la noche ácidas rosas
   en las alfombras de los dos crepúsculos.
   (Pág. 28)

2. La última palabra es de la noche
   y del lucero azul es la clemencia.
   (Pág. 64).

3. Y el buen humor con melancolía.
   (Pág. 77).

4. Y el cielo azul se colma de vocales
   (Pág. 80)

5. En qué rincón del tiempo nos aguardas,
   desde qué pliegues de la luz nos miras?
   (Pág. 123)

6. Porque tus zapatitos misteriosos
   ya venían pisando mi conciencia.
   (Pág. 129)

7. Sobre mi corazón, ternura nueva.
(Pág. 131)

8. Si fuera sólo un animal de amor
....
concertar un violín fuera mejor,
que —entre una y otra pulsación— diría
el regocijo, la melancolía,
el sol, la paz, la vid, la miel, la flor...
(Pág. 135)

9. Era un jardín, era un solar y era...
(Pág. 137)

10. Negra, no me importa nada.
(Pág. 141)

Con estos pocos versos sueltos se convence cualquiera de que Reyes sabe y siente; pero yo, que le conozco bastante, puedo añadir que ellos explican su personalidad.

En los ejemplos 1 y 2 hay poder intuitivo y plástico.

En el 3 se condensa la tónica de toda su obra lírica: humor y melancolía.

En el 4 nos ofrece una imagen moderna, creacionista.

En el 5 hay regusto clásico.

En el 6, acento mexicano.

En el 7, ternura, que revela siempre acá y allá.

El 8, erotismo, y otra vez regocijo con melancolía.

En el 9, aproximación a Darío.

En el 10, cierto desgarro y propensión a dejarlo todo, que le acomete a veces.

Aunque esta selección de versos sueltos era reveladora, no me di por satisfecho. Acudí al recurso de anotar al margen de los poemas la repercusión que tenían en mí. Junto al titulado "El hombre triste", puse: "Humor y filosofía en cuanto al fondo; verso libre y sin metro en cuanto a la forma, según usó ya en el año 26, en plena revolución formal." Copio el principio para demostración:

Basta leer a Plinio el Viejo para saber que la vida empieza con
[llanto.
Otros dicen que acaba mejor: no me atrevo a asegurar tanto.

No puse nada al margen del casi soneto de la página 129, que comienza:

Tardes así, ¿cuándo os he respirado?

que me parece una pieza de antología, llena de sencillez y frescura; llena de equilibrio clásico. Tampoco puse nada al margen del romance sin título de la página 143, que es del año 30. Pero basta copiar los cuatro primeros versos para convencerse de que su tono es arcaico, literario:

A Madrid llegaba un día,
y en San Isidro y el Prado
lindas mujeres había.
Pero mis amores son mexicanos.

En estos tres ejemplos se acusa la desatención o poca importancia que presta Reyes a las mudanzas estilísticas; como si para él lo importante fuese la ejecución, el poder hacer, sea en el tono del siglo xv, del xvii o del xx.

Las acotaciones a otros problemas dicen: "En éste hay dispersión, atención a mil motivos y en distintos tonos, llenos siempre de ingenio fino en exacto lenguaje. Hay paladeo del mundo"; "Poema con notas locales, rico en informaciones que interfieren en la fantasía: objetividad interpuesta"; "En éste, «Los pelícanos», hay elocuencia y trópico"; "Ahora es sentimental, aunque refrenado".

El comentario al margen de "Oda contenta" es el más extenso, dice así: "Creo que aquí se define Reyes: buen humor y filosofía; melancolía suave, cortical. Ama mucho más el presente. Se recrea con los ojos y el tacto en la plasticidad del mundo. No tiene un registro solo; cambia de voces como de lugares. Y es que todo le arrastra y le lleva; como sensual que es: un fauno, un Dionisos, un silvano que hubiese vivido entre románticos y pulidos cortesanos del XVIII francés. Tal vez su exuberante naturaleza fáustica es la que le lleva siempre hacia la historia de Grecia. Me acuerdo de su «Ifigenia», pero no es el momento de hablar de teatro."

En "Tolvanera" puse: "Como en muchas ocasiones, sobresale el poeta descriptivo." En "Desengaño" anoto: "¿Cabe versificar mejor? Pero ¡cómo nos llevan al pasado el soneto y todas las formas retóricas! ¡Qué aparte quedan de la crisis formal y de fondo habida en nuestros días!"

En el poema "Un día", compuesto de cuatro persuasiones, la nocturna, la matinal, la del mediodía y la del crepúsculo, escribo: "Abre los brazos y se estira y prorrumpe en largos períodos. Me viene a la pluma una calificación demasiado fuerte: Satiriasis. Bastaría decir: Lascivia. La persuasión del mediodía termina así:

> Y en el circo de los montes,
> bajo el azote del trópico,
> diminutos en el orbe
> que los enmadeja todos,
> se enlazan sobre la arena
> Eva y Adán temblorosos.

En Río de Janeiro da rienda suelta a su erotismo particular y local. Se ve notablemente que su mente se halla presa por la carne. En todo lo que escribe, largo o corto, asoma eso. Van tres coplas por ejemplos:

> Andabas con sed de gozo,
> como hija de la pena.
> ¿Sí, o no?
> Y yo,
> debajo de tu rebozo
> me pasé la Noche Buena.
>
> Sirena que entre las olas
> se esconde para no verme,
> ¿con quién habla a solas,
> con quién duerme?
>
> Bordado de la almohada
> que castigaste su orgullo
> y la dejaste marcada:
> cuéntame si está en capullo
> o si es que duerme casada.

A veces, el erotismo de Alfonso se resuelve en una alusión picaresca, fina, acompañada de una sonrisa en los párpados a medio cerrar. Pero en otras ocasiones se ve que le recorre todo, con vibración espirílea:

> De sol quebrado y de trópico,
> islas y frondas y mar,
> traigo el cristal metafórico
> y hasta el relumbre sensual.

En los momentos álgidos o en los de reflexión, como su inteligencia no le abandona, se lamenta de tanto ardor juvenil y lanza un ¡ay!

> Ay, que la primavera,
> no se me acaba,
> aun siendo abuelo.

Esto lo confiesa en México el año 42, pero ya lo dijo en el poema "Conflicto", que es más viejo y se puede leer en la antología *Laurel*. Poema del que voy a entresacar ciertos versos en abono de lo que digo:

> ¡Ay, pegadiza juventud,
> terca y blanca en mi corazón!
> Por ti no me hallo, y por ti
> no acierto a llevar el compás.
> Harto estoy ya de mis recursos
> y funesta facilidad.
> ....
> ¿Cómo hacer, que estoy disonando,
> cantando donde todo es hablar?
> ....
> ¡Porque me he quedado tan solo,
> sobreviviendo a las sirenas,
> que estoy viejo de juventud
> en este mundo sin pecados!

Aunque es cierto que la prolongada juventud le perturba e impide "hallarse a sí mismo"; aunque le impide también "llevar el compás", el compás con el Tiempo, con el sentir atormentado de las nuevas generaciones, lo cual le presenta a sus propios ojos como disonante, como discordante, yo creo que contribuyen a su conflicto otros dos factores: el de los trabajos administrativos y eruditos, que metodizan demasiado para lo creativo, y el temor al conflicto de las circunstancias, al conflicto desmesurado y radical de la poesía misma; el temor a las ideas e imágenes abruptas que como fruto lírico no existe en las fruterías tradicionales.

Reyes, al decir que está solo, que canta cuando los otros hablan, se da cuenta de que es muy distinta su voz o su intimidad de las voces de otros poetas internacionales, incluso de los hermanos de Continente, como Huidobro, César Vallejo y Neruda.

Se da cuenta de su soledad, y esto le desespera. Sin reparar en que esta soledad, este sentirse solo en el coro de voces, ha enorgullecido siempre a los poetas. Repare en que la poesía fué siempre más libre que la ciencia o la erudición. Ella no vive de la aquiescencia o el reconocimiento ajeno; aunque al poeta le puedan interesar tales muestras contemporáneas.

Cada uno es como es. Y a la formación de este *ser* contribuyen poderosamente los modos de vivir impuestos por las circunstancias o elegidos por vocación. Método y orden le exigieron a Reyes sus trabajos históricos, críticos y administrativos; cortesía y amabilidad los cargos diplomáticos. Y estas cosas, unidas a su natural voluptuoso, mandan en su obra. Puede que su destino sea perdurar fuera de este tiempo de descomposición; que su obra no se ajuste a época determinada, rigurosamente hablando.

Después de todo, este fenómeno no sería extraño en América. Es la promiscuidad de tiempos que señalé en la escultura colonial mexicana con el calificativo de "tequitqui". En la obra de Reyes hay reminiscencias clásicas, formas tradicionales, junto a formas y sentimientos de una sutileza modernísima, como en las obras plásticas del colonial mexicano —y de América, en general— hubo goticismo a la par que formas renacentistas y de sabor popular. Pero al admitir este paralelismo hay que hacer la siguiente salvedad: la técnica de Reyes, a diferencia de la técnica en los artistas anónimos del pasado americano, es sumamente sabia. Reyes se expresa siempre con absoluto dominio, con bizarría y con donaire.

A Reyes le salva su inteligencia en todo momento. Y, en
el mañana, cuando se haga una antología de su obra lírica,
y el mundo haya entrado en una época menos angustiosa,
sin "ismos" ni desesperaciones, entonces podrán verse en su
valor las poesías epicúreas de este ávido gustador de la
vida.

ENCUENTRO CON GABRIELA MISTRAL Y GERMÁN ARCINIÉGAS

La familia Cosío Villegas, muy amiga de la Mistral, me invitó al viaje. Íbamos Emma primera, Emma segunda, Daniel Cosío, Germán Arciniégas y yo. Cuando llegamos al hotelito que le cedió Ruiz Galindo en Mocambo (Veracruz) eran las nueve de la noche y faltaba la corriente eléctrica. Tuvimos que conocernos al resplandor escaso y vacilante de unas bujías.

Gabriela es mujer alta y ancha de espaldas. Su cara no concuerda con los retratos que solemos ver de ella. Es hermosa, en sus sesenta, y de expresiones cambiantes. Cuando está seria, se le caen las comisuras de la boca, imprimiendo a ésta un sello de desilusión; y los ojos se le apagan en un mirar impreciso. Cuando sonríe, esos claros ojos le brillan como piedras preciosas y viven con una vida de llamada y de penetración. La sonrisa de Gabriela inspira confianza. Entre sus labios finos asoman unos dientes regulares y blancos.

Desde que me presentaron me apliqué al examen de sus facciones con ese descaro impudoroso del dibujante que busca su presa. ¿Dónde asoma lo indio en esta mujer que tanto ama lo indígena? En la nariz, desde luego; pero también en la relación de la frente con los pómulos. En lo demás, nada. Su tez es blanca y sonrosada; su cabello canoso, abundante, cortado, y movido por ondas largas, generosas. En su mestizaje domina lo vasco de su segundo apellido, Alcayaga. Su nombre completo es Lucila Godoy Alcayaga. Sin embargo, la lentitud de su palabra es netamente americana, chilena. En esto del *tempo* no pudimos influir los andaluces en los americanos. Creo que nuestra prisa les aturde y les ofende. Les parece agresiva. Y no cabe duda de que la lentitud reviste de dignidad y hasta de majestad lo que se dice. La rapidez desmesurada del andaluz convierte al hombre en chisgarabís. Nadie cree que puede pensarse y sopesarse lo que se lanza a tal velocidad.

Vive ahora Gabriela con dos jóvenes, una gringa y otra portorriqueña, que le atienden con veneración. Son como pajes de esta reina.

Durante aquella primera entrevista, los únicos desconocidos para Gabriela éramos Arciniegas y yo. Comenzó dirigiendo sus preguntas a Arciniegas después de decirme que se había hecho de mí otra imagen por los retratos. ¿Quién o qué nos reflejará mejor, la fotografía o la obra escrita?

Con Arciniegas habló de Chile, de Colombia, de Italia, de libros de Historia, de situaciones políticas. No llegó a encontrarse entre ambos un tema que les calentase y empujase hacia más allá de los primeros escalones informativos. Dos únicas manifestaciones de Gabriela se me grabaron: su amor maternal por los indios y su preferencia geográfica por Italia.

Pero hubo de grabárseme mucho más otra cosa dicha por ella después, dirigiéndose a mí porque hablaba de un escritor español en términos muy laudatorios. Sin que yo lo esperase, ni hubiese dicho una palabra, me lanzó lo siguiente: "Es más español que todos, más que usted y que cualquier otro. Es el que más ha padecido de todos los españoles."

Yo me quedé perplejo, porque ni supe ni sé todavía qué había motivado aquella salida. ¿Es que yo había hecho algún alarde de españolismo, o dicho algo en menoscabo de tal literato? Estoy seguro de que no. Y estoy seguro de que no contesté ni con un movimiento de la cabeza. Me condolí, interiormente, de que no hubiese calado mejor en la psicología del aludido y nada más. Sólo después de seguir ella ensalzándole pregunté: "¿Y lo que hizo con V. O.?" A lo cual repuso: "Ah, y bien que se lo afeé. Me oyó en París las cosas más duras. Y se las aguantó humildemente, reconociendo que yo tenía razón."

Este breve sobresalto dialogal, aunque me distanciaba de Gabriela por la diferencia de criterio, lo dejé pasar y hasta procuré borrarlo, porque yo no venía a discutir cómo éramos los españoles, sino a ver cómo era ella, por fuera y por dentro.

Como la luz eléctrica no se recuperaba, y estábamos cansados del camino, la charla duró poco más. Yo quedé en volver al día siguiente para tomar un dibujo de su cabeza.

A las diez de la mañana nos presentamos allí todos los expedicionarios. Gabriela tenía visita, y yo propuse a Germán Arciniegas unos minutos de reposo para sacarle el retrato que le correspondía. Era preciso atraparlo pronto porque se iba aquella misma tarde en avión a dar una conferencia en México. Arciniegas tiene el aire y las facciones de un jesuíta vasco. También en él sigue vigente el apellido. Tal vez en sus ojos pequeños y oblicuos asome la veta indígena, pero no es acusada. Sus manos me llamaron la atención por lo grandes y fuertes; como las de su paisano (por lo vasco, no por lo colombiano) Juan Larrea; con el cual coincide, además, en la vivacidad e inquietud mental. Su palabra es fácil e inquisitiva.

Cuando me lo presentaron, el día anterior del viaje, en el Fondo de Cultura Económica, nos dijimos: "Somos colaboradores y no nos conocemos". En efecto, yo había dibujado unas cuantas ilustraciones para su libro *Este pueblo de*

América. Y a la editorial estaba pidiendo en aquellos momentos la entrega de mis originales.

Arciniegas tiene actualmente 49 años. Está calvo, pero se le ve resistente y muy activo. Le han traído y llevado sin descanso en estos días de México; y él dice que no sabe negarse, que si hubiera sido mujer hubiera manchado el nombre familiar, porque a todo dice que sí.

El dibujo que le hice en aquellos minutos responde con exactitud a su cabeza. Cuando se lo mostré dijo resueltamente: "Éste soy yo". Palabras que demuestran lo férvido de su temperamento. Era una afirmación mayor de la que yo esperaba; una afirmación de entusiasmo, que rebasaba la realidad. El dibujo se le parecía, pero no podía ser él. ¡Qué distinta exclamación de la que tuvo Paul Valéry cuando le presenté el suyo: "Visto y aprobado". Mesura fría del francés que recuerdo ahora junto a la desmesura cordial del colombiano.

Sentí que se alejara tan pronto este nuevo amigo. Es un contento hallar gente de su calidad y de su nivel.

Las interminables visitas no me permitieron hacer el dibujo de Gabriela Mistral aquel día. Lo pospuse para el siguiente. Pero estaba escrito que fracasase en mi empeño.

Cuando al fin nos dejaron tranquilos frente a frente, me convencí de que mi esfuerzo resultaría inútil por la constante movilidad del modelo. Gabriela no cesaba de hablar, y con el habla se movía y cambiaba; no mucho, pero lo bastante para impedir la continuidad de una línea.

Me contó la tragedia de su sobrino en Petrópolis, que se suicidó a los 17 años, víctima de la xenofobia de sus compañeros que le inculpaban de ser demasiado blanco. Me leyó algunos de los poemas que le inspiraron esta desgracia irreparable.

Me habló también de la piedad que siente por los emigrados en masa, de las dificultades que encuentran para adaptarse. Yo le prometí leerle mi último poema, que es sobre ese motivo, "Imposible nueva vida".

Me habló de las toxinas que nos alteran la vista y de las enfermedades que le aquejan o le han aquejado. Ahora sigue un régimen severo contra la diabetes. Pero tampoco anda bien su corazón; le afecta la altura.

El fondo anecdotario de la poetisa es inagotable. Como los Cosío Villegas son antiguos amigos de ella y habían venido para estar el mayor tiempo posible en su compañía, nos trasladábamos con frecuencia a su casa, y pude ver que no le cansaba el hablar. Narra y narra despacito y monótonamente, matizando la narración con las expresiones del semblante: se le humedecen los ojos, sonríe, marca un ligero desdén con la boca. Resulta dulce y cordial la mayoría de las veces, pero también sabe responder con severidad y dureza en las situaciones oportunas. Es, en fin, una mujer de sociedad y de mando, sin altanería y sin énfasis, pero con cierta nervadura viril.

En las anécdotas puede uno ir descubriendo matices de su alma. Contó, con ternura y gracia, que su mamá —una viejecita de 83 años por entonces— estaba empeñada en que el Dios de Gabriela era distinto del suyo y del de su otra hija. Le decía: "Vos tenés otro Dios que tu hermana". O bien: "Vos, con ese de los pajaritos posados en los hombros, tenés otro Dios". Y es que la viejecita era partidaria de Santo Domingo, y Gabriela, de San Francisco.

NICOLÁS GUILLÉN
O LA DISCRIMINACIÓN

Estoy pasando unas horas en Cuba sin moverme de México. El milagro se lo debo al poeta Nicolás Guillén. Poeta negro, pero más claro que el sol. No me resisto a enjaretar dos cuartillas a medida que voy leyendo. Unas notas sin afán de síntesis en estos momentos. Arrebatado nada más por el efluvio caribe que de las hojas del "Son entero" me llega y agita la sangre.

Yo no conozco a Cuba más que por las personalidades cubanas que conocí en los caminos del mundo. En casa de María Luisa Gómez Mena —mujer singular y extraordinaria amiga— he comido estos días "picadillo cubano", y mientras la oía y veía moverse, pensaba yo en lo afro-cubano, en Guillén, en la rumba, en el *Sóngoro cosongo*, en la guerra del 98, que viví de niño desde Málaga, y hasta en los limpiabotas negros que entonces flaneaban por la Alameda de aquella mi ciudad natal.

> Tanto tren con tu cuerpo,
> tanto tren;
> tanto tren con tu boca,
> tanto tren;
> tanto tren con tu sojo,
> tanto tren...

¿Qué pasa con este Nicolás Guillén? ¿Por qué no lo incluyen en las Antologías españolas? Ni siquiera en *Laurel*, la publicada en México hace unos años. ¿Por discriminación? Por discriminación lingüística, ya me figuro; pero, ¿es justo? ¿Hemos discriminado alguna vez los españoles?

¡Alto aquí! Un momento. En cuestiones de religión, sí. En cuestiones de lenguaje, también. La Academia de la Lengua es una discriminadora. Por ambas cosas ganó antipatías y odios el español en América.

Pero los discriminadores perderán la batalla. Guillén es leído por los grandes españoles que saben de espíritu y lengua, del espíritu de las lenguas. Hace años tiene dicho Menéndez Pidal, nuestro gran filólogo, que las modificaciones lingüísticas americanas modificarán el castellano, haciendo con éste lo que las lenguas romances hicieron con el latín. Y, por su parte, Unamuno, en una carta a Guillén, que éste pone al frente de "El son entero", dice a propósito de la impresión que le hicieron sus versos.

Me penetraron como a poeta y como a lingüista. La lengua es poesía. Y más que vengo siguiendo el sentido del ritmo, de la música verbal, de los negros y mulatos. No sólo en los poetas negros norteamericanos, que gusto con fruición, sino hasta en los que cantan en papiamento —lengua, como sabe, de los de Curazao—, que he aprendido. Es el espíritu de la carne, el sentimiento de la vida directa, inmediata, terrenal. Es, en el fondo, toda una filosofía y toda una religión. Usted habla, al fin del prólogo, de "color cubano". Llegaremos al color humano, universal o integral. La raza espiritual humana se está siempre haciendo. Sobre ella, incuba la poesía.

Buenas, magníficas palabras de Unamuno. ¿Cuántos podrán hablar así hoy en España? Parece que el poeta Vicente Gaos ha dicho en conferencias públicas dictadas recientemente en México, que quien influye más en la juventud poética de la España de Franco es Unamuno. Y yo me digo: ¿Cómo podrá influir? Será por la corteza, por lo externo. ¿Cómo van a dejarse influir profundamente esos jóvenes luises —gonzaguistas— por un poeta hondamente religioso, pero herético? ¿Y por un filósofo existencialista que siente en las lenguas la poesía, la religiosidad y la filosofía del género humano, sin discriminaciones?

Unamuno saboreó la poesía negroide de Guillén; no creo que si viviera leería con el mismo gusto a esos poetas jóvenes de la península, que tienen por meta literaria —¡META, en literatura!— hacer, fabricar sonetos a lo Quevedo, o desbocarse con el verbalismo pseudo-surrealista. Unamuno y Guillén eran y son más serios. Van a algo más profundo, menos formal o estereotipado. A algo que los antólogos no captarán nunca. Porque son incapaces de aprender papiamento o la lengua en que cada poeta legítimo escribe, que no es la del otro, viejo o nuevo, sino la suya, la que le brota de la sangre y de la frente. A ellos lo que les gusta es esa poesía mixta —verdaderamente mulata— de rancio y moderno, en que puedan señalarse influencias. Y hay que leerles este poemita de Guillén:

> Ya yo me enteré, mulata,
> mulata, ya sé que dice
> que yo tengo la narice
> como nudo de corbata.
>
> Y fíjate bien que tú
> no ere tan adelantá,
> porque tu boca é bien grande,
> y tu pasa, colorá.
>
> Tanto tren con tu cuerpo,
> tanto tren;
> tanto tren con tu boca,
> tanto tren;
> tanto tren con tu sojo,
> tanto tren...
>
> Si tú supiera, mulata,
> la verdá:
> ¡que yo con mi negra tengo,
> y no te quiero pa ná!

ESTUDIOS SOBRE AUTORES DEL PASADO

UNA LÍNEA EN LA INTIMIDAD DE TIRSO*

Ya que tan aficionados somos ahora a los centenarios, recordemos y saludemos con el de Tirso de Molina otros dos: el del Diluvio Universal, ocurrido el año 2348 a. C. y el de la Dispersión del género humano, ocurrida en 2247 a.C.

Esto que digo con humor sonriente, siguiendo normas de locutor gringo (locutor no está en el diccionario), se me convierte en severidad ibérica si pienso que otra vez se están dando en el mundo aquellas escenas genésicas de confusión mental, como en Babel, y de dispersión humana. Que el mundo arrostra situaciones parecidas, es decir, que nos hallamos en plena génesis de un mundo nuevo. Y que mientras unos pelean, mueren, se dispersan por el ancho mundo, otros siguen enquistados en una obra como si nada ocurriese. Nosotros, ahora, por ejemplo, podemos sentirnos dentro de un Arca de Noé; y como historiadores seguimos en ella examinando gotitas de agua del pasado. Vamos a ver alguna.

Acabo de leer sistemáticamente más de 30 comedias de Tirso; siendo la primera y la última, por haberla leído dos veces, *El burlador de Sevilla y convidado de piedra*, que tal vez debiera llamarse "El castigo del burlador de mujeres". Así reduciríamos a unidad lo que parece fusión de dos leyendas.

Acometí tamaña lectura porque noté, al repasar títulos y personajes, que entre éstos se repetía mucho el nombre de Don Juan; y pensé que tal vez detrás de este nombre hubiera siempre un mismo tipo psicológico.

Esta sospecha fué el móvil de mi estudio. Y ahora, al presentar los resultados, les avanzo que éstos han sido nega-

---

* Conferencia leída en el Colegio de México, el 7 de diciembre de 1948.

tivos y positivos, ya que el problema no es sencillo. En primer lugar, porque el tipo de Don Juan no lo es. Tan no lo es, que se suceden y siguen cada día los estudios sobre su carácter, y las interpretaciones desde todos los ángulos.

Don Juan es una de esas figuras de toro hispánico, que están por encima de la simpatía o de la antipatía, en la región de lo interesante, de lo que no acaba de aclararse. Nadie se enamora de un toro de Guisando, esas toscas y concentradas esculturas ibéricas que algunos llaman cochinos porque algo tienen de cerdos.

Don Juan tiene mucho de cerdo también en su terquedad y bravura de toro. Acomete con la noble fiereza de éste, pero se regodea en sus atropellos, hocica en sus basuras como el marrano. Se complace en decirnos que es el encargado de burlar a las mujeres, y que nada hay tan grato para él como ultrajarlas. Hay pues en su alma, junto al instinto macho sexual, un impulso o voluntad vengativa de hombre resentido.

Al leer *El burlador de Sevilla*, lo primero que nos sorprende es la decisión con que Tirso entra en materia. Y lo último que nos impresiona es la rigidez vertical y simple de su estructura, comparable a la verticalidad y simplicidad de un rascacielos.

En el primer acto traza el autor verticalmente dos de las fechorías de su personaje; otras dos en el segundo; dejando para el tercero detalles del desenlace. Hay, pues, una simetría rígida, una concepción clara, diáfana de la estructura, perceptible ya en la fachada. Tirso se lanzó a la obra poseído por el tema, pero también tras una larga meditación arquitectónica. Y las frases claves del drama son dos, una de Don Juan y otra del criado. Sabemos que los criados en el teatro antiguo subrayan o esclarecen, a lo bruto o a lo cínico, lo que piensan escondidamente sus amos, sus reservas o móviles subconscientes. La frase de Don Juan es ésta.

> Sevilla a veces me llama
> el burlador, y el mayor
> gusto que en mí puede haber
> es burlar a una mujer
> y dejarla sin honor.

La frase del criado es:

> Ya sé que eres
> castigo de las mujeres.

Si estas frases definen lo más hondo del alma de Don Juan, no todos los Don Juanes que aparecen en las comedias de Tirso tienen el mismo fondo psicológico ni los mismos procedimientos sociales. El Don Juan que aparece en *Los balcones de Madrid* es un infeliz enamorado de Elisa y zarandeado como un juguete por Doña Ana y su criada. En *La prudencia en la mujer* aparecen tres Don Juanes: el Infante Don Juan, traidor, enredoso, ambicioso vulgar; el Don Juan Alonso Carvajal y el Don Juan Benavides, excelentes personas, leales a la gran reina Doña María. El Don Juan de *No hay peor sordo*... casi no tiene papel. El de *Privar contra su gusto* es lo más opuesto que cabe al carácter del burlador: modelo de corrección, lealtad y recato. El de *El rey Don Pedro en Madrid* no pasa de ser un cortesano sin importancia literaria. Y los de las tres comedias *Doña Beatriz de Silva, Firmeza en la hermosura* y *El caballero de gracia* tampoco tienen nada del truculento Tenorio.

Es cierto que en algunos se dan veleidades y falta de amor, pero esto no basta para considerarlos como emparentados con el burlador. De modo que el móvil de mi investigación dió resultado negativo. En cambio, la investigación no fué infructuosa, pues, a más de quedar comprobado que detrás del nombre no había siempre un mismo tipo psicológico, vi que muchos personajes de Tirso se parecen en su conformación psicológica, llámense Carlos, Felipe o Rodrigo, y que esa repetición de carácter puede corresponder a la psicología del propio autor. Siendo la tal conformación psicológica la de un hombre débil, tímido, indeciso, vacilante, mudable, objeto de juego en manos de las mujeres. Ésta es la parte positiva y afirmativa de mi estudio. A lo cual hay que agregar esto otro: que muchas de sus comedias pueden ligarse por una lógica interna que también obedece a la psicología del autor.

Lo que se persigue, pues, en las notas siguientes es la línea biográfica e íntima de Tirso.

Por lo pronto, y como antecedente, apuntemos esta frase de Don Guillén en *La dama del olivar*:

> que yo, más travieso y roto,
> de mi valor haré alarde,
> porque el hombre que es cobarde
> siempre da por lo devoto.

No olvidemos estos términos: cobarde y devoto; quien es cobarde, acaba en devoto. Y esto lo escribe Tirso, que fué bastardo y se hizo fraile.

¿Por qué se hizo fraile? Yo no diré rotundamente que por tímido, vacilante y bastardo; pero hay muchos motivos para sugerirlo y creerlo.

Tirso escribe una comedia que se llama *El melancólico*. ¿Quién es y cómo es este personaje? Un joven bastardo —como lo fué Tirso— criado en el campo, rodeado de libros, lleno de conocimientos intelectuales, pero sin idea del amor, es decir, sin impulso sexual. Su mentor o maestro, que hace de padre, le reconviene en ocasión oportuna. Le dice muy bellamente:

> Si al padre se debe el ser
> y al maestro el ser de hombre...

preámbulo deliciosamente intelectual, muy del autor, a lo cual agrega:

> ¿Cómo podré yo atreverme
> que vaya a la corte un hombre
> (si es que merece este nombre
> quien entre las llamas duerme)?
> Voluntad que allá no enferme
> no es cortés; esto es verdad,
> ni es bien que en tu sequedad
> lleves, por hacerme agravio,
> *un entendimiento sabio*
> *y una idiota voluntad.*

De toda la comedia, lo que nos importa es esto: que el melancólico de Tirso era un bastardo, criado en el campo, entre libros, y sin reparar en las zagalas, que tenía un entendimiento sabio y una idiota voluntad. Y nos interesan tales datos porque se ajustan o puedan ajustarse a Tirso. Pero sigamos tras otros pasos.

En *Amar por señas* hay un Gabriel, lo mismo que *En Madrid y en una casa*. Gabriel se llamaba Tirso de Molina; ¿cómo son estos dos Gabrieles?

El de *Amar por señas* resulta ser Duque de Nájara y Marqués de Aguilar. Consultadas las modernas Guías de la nobleza española, el Duque de Nájera lleva, en efecto, el Marquesado de Aguilar de Campó. Ahora bien: según Doña Blanca de los Ríos, Tirso fué bastardo del Duque de Osuna.

Tirso hubiera podido declarar hijo bastardo de este Duque al Gabriel de la comedia, pero le resultaría demasiado descaro, y le sustituyó por el de Nájera, disimulando un poco la ortografía —Nájara por Nájera—. El encubrimiento resulta a medias, como descote de mujer o falda que se abre lateralmente.

He aquí el pasaje en que se habla de esto:

DON CARLOS

> Duque que a Castilla ha dado
> sangre real; duque, en efeto,
> de Nájara, que en secreto
> es mi igual, y es mi criado.

BEATRIZ

> Válgame Dios, ¿D. Gabriel
> es Duque? ¿Es tan gran señor?

DON CARLOS

> Y Marqués
> de Aguilar.

Este Gabriel resulta ser buen tipo, esforzado en las justas o torneos y primera figura en los bailes cortesanos. "Adonis de tal salón", le llama un criado. Pero, a pesar de esto, Gabriel huye de la corte francesa y de la mujer que le fascina, porque ésta, llamada Beatriz, es la prometida del Duque de Orleáns. Gabriel, por miramiento, por no jugarle una mala pasada a su protector, dice que prefiere poner tierra por medio, huír a España. Pero Beatriz se las compone para cortarle la huída, atraerlo misteriosamente a palacio y someterlo allí a las torturas de un jugueteo bastante infantil que no nos importa en este estudio. Lo que nos importa es la cortedad de Gabriel, su intento de escapatoria y el ser juguete de tres mujeres.

Veamos ahora cómo es el Gabriel de *En Madrid y en una casa*. Un tipo seductor, grato a las mujeres, como el de la comedia anterior, pero vacilante, que duda ante tres bellezas. Lo mismo que le ocurre a un Don Juan que figura en *Los balcones de Madrid*. Total, un carácter indeciso, voluble, como se comenta en estos versos:

> Tú verás el D. Gabriel
> los purgatorios que pasa
> en pena de ser mudable
> hasta alcanzar de tu amor
> la gloria...

Y en estos otros:

> Mas perderé a D. Gabriel
> si sale una vez de casa.
> Que en tal liviandad se funda,
> que en viendo beldades fuera,
> no dura más la primera
> que en llegando la segunda.

Esta condición veleidosa, femenina, común en muchos de los galanes de Tirso, y sobre todo en este Gabriel, parece que le obsesiona al autor por algo muy íntimo. Es como su tormento y su tara. Todavía se nos dice algo de su biografía en la misma comedia.

> Que era su nombre D. Gabriel Zapata;
> que inquietas mocedades,
> traviesas amistades,
> juegos y desperdicios,
> su valor eclipsaron con sus vicios,
> sin que ninguno (o pocos)

> sus descaminos locos
> sintiere lastimado,
> pues él su perdición se había buscado.

¿No vemos aquí reflejarse la suerte de Don Juan Tenorio y su libertinaje? Don Gabriel no será lo cruel que el burlador —todavía no es tiempo, diríamos— pero ya es un tarambana.

> Travesuras vuestras
> consumido os han
> si no la salud
> la opinión, que es más,

le dice una máscara en la misma obra. Y él confiesa su estado indeciso de este modo:

> Confusa estrella es la mía.
> Cuando a la bella Leonor
> se iba inclinando mi amor,
> y luego a la tiranía
> de aquél monjil hechicero,
> Serafina se atraviesa.
> Yo muero por la condesa,
> y también a Leonor quiero.

Es la misma condición veleidosa de un Don Juan en *Los balcones de Madrid*:

> ¡Tanta mudanza en D. Juan!
> ¡Tan poco amor en su pecho!

En esta comedia, que es cronológicamente la anterior al *Burlador*, Don Juan es un débil juguete de dos mujeres, inestable, sin equilibrio moral.

La convicción adquirida al leer tanta comedia de Tirso es que en torno a esta preocupación del carácter débil, vacilante ante la mujer, gira toda su producción, llegando a cuajar su angustia en una obra que es vengativa. Y que de esta obra salen por reacción otras oponibles, como *La dama del olivar*, donde la heroína, Laurencia, es la encargada de vengarse de los hombres estupradores. Al verse burlada por Don Guillén, se viste de hombre y se lanza al monte como capitana de bandoleros. He aquí su declaración:

> No ha de quedar hombre a vida
> de cuantos a nuestras manos
> vinieren, ya sean villanos,
> ya de sangre conocida;
> que quiero, por estos modos,
> ya que mi amor banderizo,
> que el mal que un hombre me hizo
> lo vengan a pagar todos.

Como se ve, es el mismo tema de Don Juan, el mismo problema llevado al terreno femenino. Ahora es la mujer la que se venga; antes era Don Juan quien odiaba y castigaba. ¿No es lógico pensar y preguntar por qué odiaba y castigaba Don Juan? Pero aplacemos todavía la contestación, aunque ya va latiendo en todo lo que decimos.

Otra huella biográfica encontramos en *La ventura con el nombre*. Ya este título me hizo sospechar que encerraba misterio. Y un misterio como el que esperaba descubrir en el nombre de DON JUAN. ¿Cómo se le ocurrió a Tirso pensar que el nombre lleve consigo ventura?

Pues bien, fijémonos, porque en todo lo que sigue hay sutileza. Comienza el autor por llamar Ventura al pastor que va a ser afortunado. Pero llama Tirso a otro pastor, y entre ambos reparte datos que parecen biográficos. Es decir, que Tirso se desdobla en esta ocasión, para mejor velar lo personal. El clasicismo rehuía la exhibición; pero no hay obra literaria humana donde no queden huellas biográficas.

Ventura es un pastor aficionado a los libros (cosa no imposible, pero rara), hijo de un padre desconocido y de una zagala muy guapa. Un origen parecido al del Melancólico y la misma afición a los libros. Lo cual es Tirso. Pero todavía coincide con *El Melancólico* en otra cosa: en que así como al final se descubre que el melancólico es hijo bastardo de un duque, Ventura resulta hijo de un rey, Segismundo.

Y cuando se descubre esto, Ventura exclama:

> Libros quiero, no diademas;
> humildades, no arrogancias;
> quietud busco, no desvelos,
> no tronos: chozas me bastan.
> Merezca yo esta merced.

Sustituyamos aquí chozas por celdas y veremos como tales imprecaciones le cuadran perfectamente a Gabriel Téllez. Hasta en citar la palabra Merced se diría que hay una explosión de su intimidad, como si dijera: Merezca yo estar en esta Orden.

Pues bien, a tales datos biográficos hallados en el pastor Ventura, agreguemos ahora los del otro pastor, llamado como él, Tirso. Del pastor Tirso dice un compañero:

> Tirso puede sentenciallo;
> que después que es sacristán,
> tien seso, y no le verán
> coprista.

Nótese: después de ser sacristán, es decir, después de vestir sotana, tiene seso, se ha hecho sensato. Y contesta Tirso:

> Yo escucho y callo,
> pero algún día hablaré,
> en dejando la trebuna;
> que a fe tengo más de una
> trabadura.
>
> BALÓN
> ¿Vos?
>
> TIRSO
> Sí, a fe.
> Y que me lo han de pagar
> más de cuatro motilones,
> que ensuciando paredones
> piensan que no he tornar
> a dar a prumas mestizas
> que envidiar y que roer.

Nadie puede dudar de que aquí habla Tirso autor de sus propias cosas. Alude concretamente a un epigrama mural que hicieron contra él y Alarcón. Pero lo que más me intrigó al leer el trozo fué aquello de "yo escucho y callo." Porque, como luego veremos, escribió una comedia que se titula: *Quien calla, otorga*.

Sobre la discreción de Tirso hay otras frases en la comedia, pero no añaden nada biográfico ni psicológico a las presentadas.

En cambio, donde volveremos a encontrar de un orden y de otro es en *Quien calla, otorga*. Título que, como el de *La ventura con el nombre*, me intrigó en su día.

Esta comedia es, como se sabe, segunda parte de *El castigo del penséque*. Y en la escena VII del acto primero, el criado Chinchilla le reprocha a su amo Don Rodrigo lo siguiente:

> Saben que a Diana
> perdiste, y a Oberisel,

> por ser *corto y para nada*.
> Hizo un diablo de poeta
> de tu *historia* o *tu desgracia*,
> una comedia en Toledo,
> *El castigo*, intitulada
> *del penséque*, que ha corrido
> por los teatros de España,
> ciudades, villas y aldeas;
> y aunque ha sido celebrada,
> todos te echan maldiciones,
> porque siendo español hayas
> afrentado a tu nación,
> y con ella la prosapia
> de los *Girones*; que dicen
> que ninguno de esa casa
> supo perder coyuntura
> en amores ni en hazañas,
> si no eres tú.

A lo cual contesta secamente Don Rodrigo: "Y dicen bien". Declaración patética en su sobriedad, porque es confesión. Don Rodrigo revela con ella que es como el poeta, es decir, Tirso, lo pintó en *El castigo del penséque*, o sea un carácter tímido, indeciso, sin acometividad, impropio de los Girones. Pero ¿quiénes son los Girones? Pues son sus parientes. Gabriel Téllez es de la familia Téllez Girón. Los Duques de Osuna llevan este doble apellido. De modo que Tirso al hacer el retrato de Don Rodrigo, hace el suyo.

Con esto llegamos a la siguiente conclusión: el bastardo Gabriel Téllez fué un temperamento apocado, indeciso, y acaso fué juguete de las mujeres en su mocedad, u objeto de sus desdenes. Esto pudo llevarle a la melancolía y a escribir *El Melancólico*. Y pudo llevarle al claustro. Una vez en él, —como antes de entrar— le siguió persiguiendo su propia imagen de hombre inacabado, no definido, inhábil para la vida. Repitió en sus comedias este tipo con un tesón increíble. No se le olvidaba. Se le convirtió en espina venenosa. Quería sacársela. Inculpaba de su poquedad a las mujeres. Nos pinta la mayoría de ellas como enredosas e interesadas. No es extraño que su obsesion le llevase a tomar de la leyenda el gran personaje macho y vengativo de Don Juan Tenorio.

Aquí podría dar por terminado mi pensamiento. Salí en busca de Don Juan en todos los Don Juanes pintados por Tirso, pero me encontré con Don Gabriel. Y, al fin de cuentas, Don Gabriel y Don Rodrigo Girón, que son Tirso en realidad, me explican el origen de Don Juan. La indagación no ha sido infructuosa. Pero he de remachar algunos tornillos.

Al insistir en la timidez de Tirso —en su timidez interna, no en alguna timidez literaria, que no tuvo— viene uno a pensar en la cobardía; palabra mayor. Y surge la pregunta: ¿no hay comedias del autor en que se presente al cobarde con claridad y rotundidad? Hallar tales comedias sería una buena confirmación de mi tesis, y, sobre todo de que empecé la indagación con absoluta honradez, sin prejuicios torcidos.

Y encuentro dos obras, *El mayor desengaño* y *El cobarde más valiente*, con dos primeras figuras, Bruno y Martín, que son prototipos de la cobardía. Bruno, mal estudiante, ama a Evandra. Bruno es desheredado por su padre a causa de estos amores; abatido por las contrariedades, hace confidente de su cuitas al conde Próspero, alabando tanto a su amada que le despierta el deseo al conde y acaba éste por quitarle la novia en una escena bochornosa para Bruno porque no reacciona en hombre. Avergonzado de sí mismo, decide huir y pelear en las filas del Emperador de Alemania. Se porta heroicamente en la guerra; escala el primero el baluarte del enemigo; logra sacar una cautiva de las garras de la solda-

desca; la lleva ante el Emperador, pero cae otra vez en la
falta que cometió con Próspero. Tanto la pondera, que
el monarca se enamora de ella. Y ella, que está agradecida
a Bruno, y enamorada de él, se ve rechazada por este cobarde, temeroso de verse envuelto en líos. Bruno es subido
a la privanza real, pero sobrevienen engaños y calumnias, y
acaba perdiéndola. He aquí sus abatidas palabras, muy se-
mejantes a otras que conocemos:

> No más engaños de amor,
> no más favores soberbios,
> no más príncipes mudables,
> no más cargos y gobiernos.
> Peregrino he de vivir,
> y pregonar escarmientos
> por el mundo a los mortales;
> conmigo el ejemplo llevo.
> Quien desengaños buscare,
> mercader soy que los vendo,
> pues el mayor desengaño
> puede en mí servir de ejemplo.

Así termina el segundo acto; y, en el tercero, Bruno se
hace religioso, estudia teología en París, realiza unas opo-
siciones brillantísimas a la cátedra que desempeñaba Dión,
lumbrera de sabiduría y santidad; asisten a ellas los reyes
y la sociedad cortesana; las bellezas le acorralan y le tiran
indirectas tan directas como "¡Ay, Bruno, yo os adoro!" O
bien:

> Cuando lleváis la cátedra de prima,
> que vuestro ingenio exalta,
> decid, señor, ¿qué entendimiento os falta?

Bruno siente en el fondo de su alma tales acometidas,
pero las resiste. Y en esto muere Dión, el sabio y santo; su

cadáver es conducido ante los reyes, y ocurre algo insólito: el difunto se levanta por tres veces del ataúd; primero, para decir que es llamado a juicio (cosa que la concurrencia oye desconcertada, pues, al considerarle santo, le creían con derecho a pasar sin examen); después, para decir que está en juicio, y, últimamente, para decir que está condenado. Ante tal suceso, todos temen condenarse, y se disponen a llevar una vida ejemplar.

Al recapacitar sobre la vida de este Bruno vemos que su cobardía era fundamental; que su valor en un momento de guerra fué temerario, como suele ser el valor de los cobardes; y, finalmente, que nos evoca aquellas palabras de Tirso citadas al principio:

> porque el hombre que es cobarde.
> siempre da por lo devoto.

Veamos ahora el héroe de la comedia *El cobarde más valiente*. Este personaje se llama Don Martín Peláez; es hombre robusto y fuerte, pero cobarde. Su padre, para tratar de corregirle, le ordena que se incorpore a la tropa del Cid Campeador, que es primo suyo, y que pelee con los moros. Don Martín obedece lleno de miedo; sale al campo de lucha, pelea, remata hazañas y hasta por él se logra la conquista de Valencia. El Cid está orgulloso del sobrino, pero la cobardía no se ausentó de él en ningún momento. He aquí algunas de las reflexiones que hace antes de entrar en combate:

> Ya las espadas previene
> el Cid; mostrar me conviene
> determinación resuelta
> de morir, antes que vea
> la infamia que engendra el miedo.

> Empeñado estoy, no puedo
> excusar la imagen fea
> de la guerra; amigo, adiós,
> que ya suben a caballo.

El pobre Don Martín procura vencer su miedo para no quedar infamado, pero "no puede excusar la imagen fea de la guerra". Tiene miedo a la muerte, pero se echa en sus brazos temerariamente. Nos hace recordar las palabras de Séneca: "Lo uno y lo otro es cobardía: querer y no querer morir."

Otra de sus medrosas reflexiones es como sigue:

> Esfuerzo mi valor tome
> a ganar de comer hoy,
> Martín, aunque el miedo os dome
> de ver la espantosa lid,
> quien no lo gana, no come.

En fin, ¿para qué más? Las obras mejores y más famosas de Tirso se llaman: *El burlador de Sevilla*, *El condenado por desconfiado*, *El vergonzoso en Palacio*, *El castigo del penséque*. Pues bien, apartando la primera, que es como reacción final de su apocamiento, nos quedan los dramas y comedias de un desconfiado, un vergonzoso y un titubeante o bueno para nada. Es decir, tres tipos temerosos, cobardes. Agreguemos dos títulos más que son también muy significativos de cobardía: *Cautela contra cautela* y *El honroso atrevimiento*. Con ellos y con todo lo analizado antes estamos seguros de que la línea de inmersión en la intimidad de Tirso no es errónea.

SALVEDAD

No quiero, sin embargo, que la figura literaria de Tirso pueda quedar empañada con este trabajo de análisis psicológico y biográfico. Por algo le titulo: "Una línea en la intimidad de Tirso". Doy a entender así que en la frondosidad de su producción puede calarse con otras líneas o rectas iniciales igualmente esclarecedoras de su personalidad.

Tirso es un hombre rico en facetas humanas y literarias. Es alegre, descarado como muchos de los que visten hábitos, impulsivo; conoce a los cortesanos y a los villanos, en su psicología y en sus respectivos lenguajes; él se expresa en un tono menor y llano, sin énfasis; sabe interesar desde que asienta la pluma en el papel, y, aunque estemos convencidos de lo absurdo de muchas de sus fábulas, le seguimos arrastrados por su ingenio, frescura y gracia. Una de las líneas que podrían dar fruto en otra investigación estilística de su obra sería la de anotar sus invenciones léxicas. Inventa palabras con la soltura o espontaneidad que distingue al pueblo andaluz. ¡Quién sabe si este misterioso hombre tendría en la corriente de su sangre un buen chorro vandálico, bético!

Contra el literato no va nada, pues, en esta indagación. Ni contra el hombre, puesto que la timidez..., seamos sinceros, es una dolencia muy de intelectuales. Una dolencia, dolencia humana, frente a la cual no tiene el historiador o investigador literario que adoptar posiciones de ataque ni defensa; se reducirá a constatar el hecho.

Claro está que sería interesante meterse un poco en el terreno de la psicopatología. Al novelista Pío Baroja le oí muchas veces decir que servirse de personajes patológicos es lo que hace interesantes las novelas.

¿Es que Tirso vislumbró esto? Pudiera ser. Pero la experiencia de mis lecturas me lleva más lejos; me convence de que la dolencia de los Gabrieles y de Don Juan la padeció el mismo fraile. Que la melancolía de su "Melancólico" fué la suya, y que su retiro de la vida no es más que la contracción del yo. La timidez. Y que ya enclaustrado le persiguió toda su existencia la idea de su fracaso.

Sabemos que la timidez trastorna el instinto sexual, no dejando que se desenvuelva normalmente; no dejándole que pase por las etapas naturales. Los Gabrieles y todos los demás galanes fluctuantes o tímidos que con otros nombres aparecen tanto en las comedias de Tirso, no pasaron de esa etapa inferior en que el hombre está todavía sin diferenciar a las mujeres; que van a ellas con un instinto primario, no selectivo; le basta que sea mujer. Y este mismo fenómeno se recalca en Don Juan Tenorio. No llegó nunca Don Juan al caso de selección de un Dante, que desde niño fué fiel a su Beatriz; ni tampoco al caso del tímido Amiel, el pobre profesor ginebrino. La timidez de éste es la de un hombre, como dicen los psiquiatras, superdiferenciado, es decir, de un hombre superfino, que teme no dar con la mujer elevada o sublime que él sueña o desea. Para ver la distancia en calidad y evolución que hay entre Amiel y Don Juan o Casanova no tenemos más que pensar en esto: en que Amiel muere asistido cariñosamente por dos mujeres que le adoraban, mientras que los dos atropelladores famosos mueren odiados por las mujeres.

Tirso se enclaustra, se cierra a la vida, como un caracol, y en su concha le da vueltas como un maniático al tema sexual de los tímidos y del burlador. Los demás temas son prestados por la historia o por la religión. El tema capital es el suyo propio. Tenía la vivacidad mental suficiente para presentar este tema de modo curioso y atractivo, en variedades infinitas, pero sin salir de él. Su mundo particular es el de los galanes tímidos y el del superosado Don Juan, que es otro ser que no pasó de la etapa "cínica" o indiferenciada, que dicen los psiquiatras.

Desconozco las investigaciones que hayan podido hacer últimamente en España sobre mi tema, sobre la intimidad de Tirso; no sé siquiera si la han iniciado. Pero creo que abordándola he conseguido ver unidad en la obra. Y esto es algo.

LOPE DE RUEDA

Hace unos años, cultivaban los círculos literarios y artísticos de Madrid el amor a lo *primitivo* en el arte: sentían más al unísono con el autor de la *Celestina*, o con Berceo y con Memling, que con Lope, Garcilaso o Velázquez. Se renegaba del siglo de oro y los siguientes, para ensalzar sin límite los siglos xv y xvi; porque el entusiasmo abarcaba tanto lo primitivo como lo del primer renacimiento. Y es claro que la gran figura dictatorial de don Ramón del Valle-Inclán hervía en las campañas estéticas de entonces.

Un investigador futuro de sus obras puede que nos indique mañana si don Ramón debe mucho o poco al autor y cómico Lope de Rueda.

En estos quince últimos años ha caminado de prisa la educación crítica. Sospecho que no son posibles ya en la juventud literaria de hoy aquellos desvanecimientos y transportes místicos que nos sobrecogían hace quince o veinte años por influjo de primitivos y prerrafaelistas. Entonces empezábamos a ver y eran explicables todos los entusiasmos. Hoy, primitivos, clásicos y barrocos participan de una contemplación no menos amante, pero más ponderada. Nos hemos dado cuenta de que *son* Historia y no manantiales. Los tiempos son de radicalismos y extremismos; es posible que luego venga la reacción; pero parece difícil que un artista novel se someta a lo histórico como se sujetaron Julio Antonio, el escultor; Julio Romero de Torres, y los hermanos Zubiaurre, en sus primeros tiempos.

Librados del yugo histórico, acudimos a él con mirada tranquila. Estoy seguro de que la mirada tranquila de un espíritu moderno al caer sobre Lope de Rueda ha de regocijarse en muchos momentos. En seguida intentaremos ver de qué calidad es ese regocijo.

Lope de Rueda nace en Sevilla dentro de los diez primeros años del siglo XVI, y sus padres debieron ser artesanos, como él en su mocedad. Por Cervantes, que le vió de cómico, sabemos que su oficio fué de batihoja, preparador de panes de oro. Cervantes tiene para él los mejores juicios: le llama "varón insigne en la representación y en el entendimiento"; afirma que " fué admirable en la poesía pastoril", que "ninguno le ha llevado ventaja" en ese género entonces ni después, y que, en fin, "vistió de gala y apariencia" lo que hasta él anduvo pobre y en mantillas, el teatro. No se sabe cómo dejó su oficio, ni cuándo se lanzó a la vida de farándula, la cual, por entonces, era tan pintoresca como desgarrada. Basta leer un par de páginas del *Viaje entretenido*, de Agustín de Rojas, para convencerse; o saber que una pragmática de Toledo (9 de marzo de 1534) manda que los cómicos vistan de modo que se les distinga de los demás mortales. Probablemente se enganchó de cómico a una de las muchas compañías que iban por entonces de pueblo en pueblo mostrando las farsas y coloquios de los autores en boga, españoles, latinos e italianos, porque se sabe que desde 1535 nos visitaban farsantes romanos y se pusieron en escena traducciones del Ariosto. No se sabe nada concretamente de su época de aprendizaje, ni cuándo empieza, ni si estuvo en Italia. Que poseyó el italiano maravillosamente lo demuestran en demasía sus comedias, especialmente *Medora*, según veremos luego. Si lo aprendió aquí, oyendo a los cómicos italianos, o adhiriéndose a ellos, o pasando a Italia, únicamente pudiera decirlo algún documento desconocido hasta hoy. Si de la factura de sus obras puede sacarse algo referente a ello, diríamos que debió ser en compañía de cómicos, con la retina puesta en la sensibilidad del público, más que en altas miras literarias o de gloria. Las compuso sin ánimo de pasar a la posteridad —fué Timoneda, el impresor, quien miró por ellas—, sin otras pretensiones que divertir y sacar dinero en las plazas, corrales, calles e iglesias. Basta leerlas, sin previo conocimiento de la historia literaria contemporánea suya, para sacar la evidencia de que fué más actor que autor. Son obras de cómico. Son los tipos de negra —que tan bien hacía, según se dice— y otros similares, los de más peso en las obras. Notemos lo poco que hay en sus comedias de hombre de letras propiamente dicho, y lo mucho, en cambio, de cuño popular, de dimes y diretes. Se ve que fué cómico ante todo y cómico gracioso. Luego, puso su agudeza natural al servicio de sus facultades histriónicas. Siempre valdrán más sus *Pasos* que sus comedias, y sus *Pasos* son escenas cómicas para su lucimiento propio.

En 1554 es ya autor y director de compañías y fué el escogido por el Conde de Benavente para las fiestas que organizó en su villa al pasar Felipe II ese año camino de Inglaterra. Dice Andrés Muñoz:[1]

Y estando algún tanto despejado el patio, salió Lope de Rueda con sus representantes y representó un *auto* de la Sagrada Escritura, muy sentido, con muy regocijados y graciosos entremeses, de que el príncipe gustó mucho y el infante don Carlos, con los grandes y caballeros que al presente estaban...

Dos años antes se casó con una bailarina y cómica llamada Mariana, que debió conocer en otra mansión noble, en el palacio de Cogolludo, donde hacía vida oscura y retirada el enfermizo y cojo don Gastón de la Cerda, tercer duque de Medinaceli. Las habilidades y monadas de esa mujer

---

[1] *Viaje de Felipe II a Inglaterra.* Zaragoza, 1554. Bibliófilos españoles. Madrid, 1877, pp. 47 y 48.

fascinaron de tal modo al Duque, que la tuvo seis años en su morada, y la vistió de paje y la cortó el cabello para que pudiese acompañarle en sus cacerías y viajes. Estos datos se conocen porque al morir el aristócrata sin pagar a Mariana sus servicios, el marido se alza contra los herederos.[2]

Lope surge en Segovia al inaugurarse la nueva catedral en 1558, donde representó sobre un tablado entre los dos coros de la iglesia; al año siguiente celebró la fiesta del Corpus en Sevilla, representando por las calles, sobre dos carros, *El Hijo Pródigo* y el *Auto de Naval y Abigail*. Con estas mismas obras aparece en Toledo el año 1561, también por el Corpus. Y con igual fecha se sabe que representó ante los reyes, en Madrid.

Nos figuramos su vida con mucho de novela picaresca, pero faltan datos para escribirla. Su testamento nos revela el deplorable estado de su hacienda, sobre todo durante su estancia en Toledo, donde empeñó hasta la piel.

Tuvo dos mujeres: Mariana y Rafaela Angela; ésta le dió una hija estando en Sevilla, el año 1564,[3] donde estudiaba Cervantes entonces, con diez y siete años de edad, y pudo ver al famoso farsante y autor dramático según conjetura sagaz de Rodríguez Marín, pues Rueda afirma en su testamento (Córdoba, 21 marzo 1565) que el clérigo Juan de Figueroa, vecino de Sevilla, le debe cincuenta y nueve ducados, resto de noventa y seis, "de doce días de representación que representé en una casa una farsa, a ocho ducados cada día..." El testamento lo halló don Rafael Ramí-

---

[2] Narciso Alonso Cortés.
[3] Publica la partida de bautismo de Juana don Francisco Rodríguez Marín en "Cervantes estudió en Sevilla".

rez de Arellano y lo publicó en la *Revista Española de Literatura, Historia y Arte*, núm. 1.

El tesoro dramático de Lope no es abundante en unidades ni en temas, como veremos en seguida. Los temas casi pueden reducirse a uno, y, según la manera de enfocarlo y desarrollarlo, obtiene comedias o coloquios. En éstos se creía con derecho absoluto a introducir personajes mitológicos, seres sobrenaturales, magos y supercherías de toda laya. El coloquio es para él el reino de la fantasía caprichosa y del sentido alegórico. En las comedias no renuncia del todo a lo inverosímil, pero se ve que procura la diversión desde un plano más verídico; elude las figuras pastoriles de falsa voz y enfática palabrería; rara vez hace intervenir a un poder místico —cuando lo utiliza es con un fin burlón o de sátira, como en la *Comedia Armelina*— y, en cambio, hinche la escasa trama con escenas de un sabor popular, simple y áspero, que llama *Pasos*, y que pueden desgajarse del conjunto para ser representados como entremeses. En estos *Pasos* radica toda su genialidad. En ellos luce la clarividencia de su pupila, su inteligencia clara de la sensibilidad ajena, la justeza inmutable de su léxico, y —nota egregia— la sobriedad. Su diálogo es corto y regocijado, Sigue vivo a través del tiempo; puede ser gustado íntegramente por un lector que no sea más que lector, y hasta pueden representarse hoy.

Las comedias, en cambio, no; y mucho menos los coloquios. Ellas pueden interesar a los escritores, por la técnica; ellos, acaso únicamente a los historiadores de la literatura. Los argumentos de las comedias pueden rastrearse en la literatura dramática italiana del tiempo, especialmente;[4] pero de esta falta de originalidad hablaremos después; aquí nos ceñimos a decir que para Rueda el asunto no es más que el sostén novelesco indispensable y mínimo sobre el cual pone, o en el cual intercala su carácter y el de su pueblo, de un modo muy primitivo, candoroso y fuerte, mas por eso mismo lleno de interés. A cada poco, leyendo sus comedias, se me aproxima el recuerdo de las comedias rústicas que vi en mi mocedad en los cortijos andaluces, representadas por cavadores y vendimiadores; comedias improvisadas o a base de una patraña que viene rodando en el tiempo, para representar las cuales se ponen de acuerdo los que estén dispuestos a salir, convienen en lo que ha de pasar a grandes rasgos y dejan el diálogo a lo que den las facultades individuales. La trama es burda y el ingenio naturalmente rústico, grosero en muchas ocasiones, pero a veces cargado de humanidad y de gracia.

La comedia de más empeño y menos primitiva es la comedia *Eufemia*, porque en ella maniobra una pasión de segundo plano, oculta, la envidia. La suerte, o la vida, dispone que Leonardo se separe de su hermana Eufemia, y la suerte dispone que Leonardo conozca a Valiano, un poderoso que llega a enamorarse de Eufemia por lo que oye a Leonar-

[4] La *Eufemia*, que coincide con el asunto de *Cymbeline*, de Shakespeare, puede provenir del *Decamerón* (II, IX). *Los Engañados* obedece no sólo en el asunto, sino en la mayor parte de los personajes, a *Gl'Ingannati*, atribuída por B. Croce al Arzobispo de Pratas A. Piccolomini, estrenada en Siena el año 1531. El argumento está ya en *Los Menechmos* de Plauto, y lo utiliza Shakespeare en *La noche de Reyes*. La *Armelina* se parece a la *Altilia* (1550) de Antón Francesco Raineri, y al *Servigiale* (1561) de Giovan Maria Cecchi (1516-1587). Véase J. L. Klein, *Geschichte des Dramas*. La *Medora* es como un compendio de *La Cingana* de Luis Arthemio Giancarli (1545). Véase Stiefel, *Zeitschrift für röm. Phil.*, tomo xv, 1891: "Lope de Rueda u. das italienische Lustspiel".

do. Mas la envidia de un antiguo servidor de Valiano, Paulo, se interpone, y así aparece en la comedia un cruce de dos fuerzas: la del destino y la del envidioso. Por lo demás, no intervienen en ella poderes mitológicos como en otras, y hay una ponderación grande entre lo humorístico y lo serio.

En la comedia *Armelina*, la suerte ha separado a dos hermanos o a una hija, de su padre. Lo mismo que en otra comedia de Rueda, en *Medora*. En *Armelina* aparece un viejo hidalgo, que acompañado de su hijo, Justo, llega a un pueblo buscando a su hija; en *Medora* es una gitana, que acompañada de Medoro busca a Angélica y a sus padres para entregarles el mozo que trae consigo, que les robó en la lactancia. En ambas comedias hay elemento grotesco, pero en *Armelina* llega a la parodia: las apariciones mitológicas tienen una cierta socarronería bufa. Por las muchas afinidades que muestran las dos obras entre sí, puede inferirse que sean productos muy cercanos.

Pero entre el argumento de *Medora* y el de *Los Engañados* hay también íntima relación: ambos descansan en el mismo recurso novelesco, a saber, en la confusión que originan los parecidos faciales de dos hermanos.

No hace falta, pues, mucha conectación para ver que las cuatro comedias se levantan sobre la suerte o vicisitudes de dos hermanos. No cabe mayor simplicidad, menor afán de perseguir asuntos varios, menor deseo de parecer original en la trama. Se ve claramente lo que dije antes, que Rueda concede poca importancia a los asuntos. Podrá tomarlos de acá y de allá, pero los reduce a nada. Para él lo interesante radica en la manera de enfocarlos, desarrollarlos y salpicarlos de *Pasos* o escenas populares. Lo que hace, en el fondo, es presentar una misma cosa de diferentes maneras. Tanto es así, que pasando de las comedias a los coloquios, nos encontramos con que el Coloquio de Camila se basa sobre el mismo juego:[5] Sócrato, un cabañero viejo, ha perdido un hijo, pero al cabo de un tiempo le dejan a la puerta de su majada una niña que adopta por hija. Pues bien, en el transcurso de la obra vemos que Camila es hija del barbero con quien la querían casar, y que Quiral, pastor enamorado de ella, es el hijo que perdió Sócrato. Es decir, pérdida o hallazgo de chicos, lo de siempre. En el *Coloquio de Tymbria*, ésta es una criatura que, abandonada entre matas, fué hallada por un rico cabañero de Extremadura. La lleva a su casa, y en ella sirven un hermano de Tymbria y otros dos hermanos que tampoco se conocen entre sí, Urbana e Isácaro. Al enredo de amores y celos contribuye mucho que Urbana vista siempre de hombre. Vemos, pues, que así como en el teatro moderno hay mil comedias que son una sola complicación: la matrimonial, o el adulterio, en el siglo XVI, y en Rueda especialmente, hay una preocupación: las vicisitudes de los chicos, hijos o hermanos; preocupación o tema del teatro latino e italiano.

Pensemos ahora en lo que un autor moderno podría sacar de este tema de Rueda o de su época, a fin de alcanzar la diferencia que hay entre una obra primitiva y una obra moderna europea. Será muy útil cotejar a veces las obras literarias con las obras pictóricas, porque entre Rueda y Goethe, por ejemplo, hay las diferencias que entre el pintor cuatrocentista Dalmau y Rubens. Y siempre las diferencias visuales o plásticas se aprecian más pronto que las literarias.

En la comedia primitiva hay por lo pronto una preocupación clásica, porque los modelos teatrales enlazados por

---

[5] A la comedia que más se parece es a *Armelina*.

la retórica desde Aristóteles eran clásicos. Pero esta preocupación se cruza y lucha con otra mucho más viva, que ya no tiene genealogía clásica, ni literaria, sino popular, y que busca y se complace en los caracteres individuales, en los rasgos característicos, no en los rasgos generales, que era lo clásico. No en lo típico, sino en lo característico. Y de esta preocupación segunda, que vemos luchar en Rueda contra la preocupación clásica, y anularla, sale el teatro moderno europeo, que es ante todo un carácter en acción, una voluntad que, si triunfa o perece, no es por disposición de los dioses o poderes sobrenaturales, sino por la índole de su propia naturaleza. Si Don Quijote sufre descalabros no es porque lo mande nadie, ningún poderoso o nigromante (él mismo se lo figuraba así), sino porque su impulso psicológico le arrastra y le coloca ante situaciones desorbitantes.

En Lope de Rueda, como en lo clásico, los personajes principales no tienen voluntad; sufren porque la suerte o el destino quieren. La voluntad está fuera de la escena, en el capricho de los que manejan la vida. Únicamente en la *Comedia Eufemia* hay brotes de voluntad en los personajes. Ahora bien, esos personajes pasivos, de tipo clásico, lo mismo que a nosotros debían comenzar a parecerles muertos a los españoles del siglo XVI, porque poco a poco van siendo eliminados de la escena y sustituídos por los personajes característicos del país y del tiempo en que vive el espectador. Ocurre lo mismo en las pinturas primitivas: es frecuente que los pastores o los reyes en una tabla del siglo XV tengan más vida, sean más personas que la Virgen y el Niño. La Virgen no representa edad, no muestra pasión, alegría ni pesar en su semblante; es éste un arquetipo rígido, convencional, "sin carácter". En cambio, los pastores, los reyes, los donantes presentan rasgos que nos permiten discernir sus años, la clase de vida que llevan, sus diferentes psicologías, en una palabra. En las comedias de Lope de Rueda tienen por eso más relieve las figuras secundarias que las principales: mientras Armelina se insinúa como un ser delicado, todo lo que la rodea presenta una materialidad definida, áspera y con carácter. Son las negras, los lacayos, los simples y las criadas las notas vitales de su teatro.

Pero esta vitalidad, a su vez, está en mantillas todavía, es una vitalidad primitiva, que no se mueve libremente en todas las direcciones del espacio; es tan trabada y dificultosa de movimientos como la vitalidad de las figuras de un Van der Goes en el *Descendimiento*. La psicología de los personajes no es profunda; es simple, de primer plano. Las picardías en el teatro de Lope de Rueda se traman a la vista del público, las intenciones no quedan en la penumbra. No hay, en fin, complejidad espiritual en ningún personaje. No piensan por su cuenta todavía estas figuras primitivas (será difícil encontrar lo que se llama un pensamiento en todas las obras de Lope); se expresan y hablan con dichos de acarreo.

Lope de Rueda divide la obra en escenas, que vienen a ser cuadros o actos breves: ocho escenas suelen componer sus comedias; pues bien, entre estas escenas no hay esa compenetración que hace de las obras modernas un todo unido, un cuerpo. Los cambios de situación son embarazosos, y los miembros o elementos de la obra están colocados unos al lado de otros con tanta independencia que se pueden separar, y se separaban de hecho, o se substituían por otros: tales miembros son los llamados *Pasos*. Y no hay sino que reparar en un pintor primitivo cualquiera, incluso en un Patinir, para ver que esa falta de unidad biológica es un signo más de primitivismo. Timoneda, el editor de las obras de Lope, nos dice que los *Pasos* de Lope se pueden intercalar en las comedias. ¿Por qué es posible esto? Porque no son miembros necesarios al cuerpo de la obra; como no son necesarios en un *Bautismo,* o en unas *Tentaciones de San Antonio,* los paisajes que pintó Platinir; fácilmente los imaginamos sustituídos por otros.

Y vamos a una última consideración del primitivismo. ¿Qué ocurre cuando una escena, aun por dramática que sea —por ejemplo, un martirio—, carece de unidad, tiene sobra de elementos indispensables, y los movimientos son posturas más que acción? Que la sonrisa de complacencia en lo ingenuo brota en el ánimo. Esa sonrisa, ese recreo ante los pormenores justos y los movimientos torpes, los sentimos delante de una comedia de Lope como delante de una pintura cincocentista.

Si a Rueda se le pudiese considerar únicamente en relación con la pintura, todo iría bien. Pero la relación perentoria que exige es la literaria. No se le pueden conceder glorias ni asestar golpes desde otro coto, sino en su terreno, porque sería con injusticia para los demás de su oficio. Si le hemos considerado en relación con la pintura fué por hacer plástico su primitivismo.

Lope de Rueda pertenece a una de las dos ramas que se abren en la base misma del teatro español: a la que comienza con la *Celestina,* continúa con Torres Naharro, con Luis de Miranda y Miguel de Carvajal y enlaza con la comedia italiana, precisamente por él y por sus seguidores, Timoneda, Sepúlveda y Alonso de la Vega. Juan de la Encina y sus imitadores quedan a un lado. Rueda va tras el realismo, y de no haber adoptado modelos muy concretos, se hubiese ceñido a la farsa villanesca; su gusto le lleva a lo popular, evidentemente.

No se puede confundir con ninguno de los dramaturgos anteriores, primero, porque con él entra definitivamente en el teatro la prosa, y luego, porque se entrega al italiano de un modo casi total. Hay en Italia a mediados del siglo XVI una reacción contra la comedia erudita; surge en virtud de ella la *comedia alla villanesca*, y a este movimiento se lanza nuestro Rueda. Claro que no desaforadamente. Él se parece, más que a los furiosamente rebeldes, a los que trataron de enlazar ambas tendencias, como Cigio Arthemio Giancarli de Rovigo, autor de *La Cingana*. Si Rueda hubiese sido más literato, no sigue tan de cerca a ese italiano y a otros hasta el punto vergonzoso que lo hizo. Pero debió de faltarle inventiva y desde luego le sobró desenfado. Con sus facultades lingüísticas, su conocimiento de gentes y su caudal chispeante, pudo haber seguido con decoro la imitación toscana que fué ley universal entonces. La siguió el mismo Torres Naharro, pero con un sentido más alto de la dignidad literaria: sin apropiarse argumentos ni calcar materialmente el diálogo. Es doloroso tener que hablar así, pero la historia no conoce entrañas. Las concienzudas investigaciones de Stiefel arrojan, por ejemplo, que la comedia *Medora* no sólo obedece en su argumento a *La Cingana* recién citada, sino en los detalles del diálogo. Véase este trozo:

Cingana. I. 5 (P. 13).

Ach. ...hastú mistai (?) con calche pesta?
Sping. Che diavolo uolete far di pedota, hora che sete inamorato, que uolete nauicar?

Medora. II. 3

Ac. ...conoces por vétura por ay algún piota?
Car. Piloto? Agora quieres navegar que eres enamorado, buen recado te tienes.

Ach. No, diauule, no, dingo de chelli compostauri.
Sp. Poeta uolete dire uoi?
Ach. Si de chelli poeta che fanno li uersi.
Sp. Oh benissimo, signor, che ne conosco.
Ach. Na pia chesto Marcelo, & famelo far un bello uerso stramorto tundo del stella chia dinga stella Doro, stella Darzento *cseris* ξέρεις sastu.

Ac. Que no te pregunto aquesso badajo; sino un copleador destos que hazen versicos y coplas y esto.
Car. Ya, ya te entiendo.
Ac. Pues toma, cata aquí un escudo, haz me lo hazer todo de coplas para mi señora Estela, y digan desta manera: Estela de plata, Estela de oro, Estela de argento, Estela de azabache y otras veinte Estelas de por ay que mejor te parezcan.

La importancia histórica de Lope de Rueda en los anales de la comedia española ha sido algo exagerada —dice Menéndez Pelayo [6]—, por haberse tomado al pie de la letra los recuerdos personales de Cervantes, Juan Rufo y Agustín de Rojas, que apenas se remontaban más allá del batihoja sevillano ni conocían a sus precursores. Por otra parte, los méritos del actor, cuyo recuerdo quedó vivo en la generación que fué espectadora de sus farsas, se sumaron con los del poeta, y así llegó la tradición a los historiadores literarios cada vez más abultada y engrandecida por el tiempo y la distancia.

Poco después dice:

El mérito positivo y eminente de Lope de Rueda no está en la concepción dramática casi siempre ajena, sino en el arte del diálogo, que es un tesoro de dicción popular, pintoresca y sazonada, tanto en sus pasos y coloquios sueltos, como en los que pueden entresacarse de sus comedias. Esta parte episódica es propiamente el nervio de ellas. Es lo que admiró y en parte imitó Cervantes, no sólo en sus entremeses, sino en la parte picaresca de sus novelas. Lope de Rueda,

[6] Prólogo a *Tres Comedias de Alonso de la Vega*, Dresde, 1905.

con verdadero instinto de hombre de teatro y de observador realista, transportó a las tablas el tipo de prosa de la *Celestina*, pero aligerándole mucho de su opulenta frondosidad, haciéndole más rápido e incisivo, con toda la diferencia que va del libro a la escena.

Las primeras palabras del maestro son un poco injustas. Si Lope hizo triunfar la prosa en teatro, barriendo tanta ñoñería, si fué admirado e imitado por Cervantes, si hizo nuestra lengua más rápida e incisiva, tiene importancia capital en la *historia* de la comedia española. Todavía creo yo que ejerce y puede ejercer influencia su estilo en los escritores españoles: no nutriéndoles de vocablos en desuso, sino marcándoles la ley de la exactitud, la sobriedad y el destello fonético y cromático de la palabra. ¿Se puede decir esto de muchos clásicos?

La investigación, al presentar el caso de *Medora*, echa tal vez más sombra de la debida sobre la figura del batihoja sevillano. Stiefel cree que para la *Comedia Armelina* debe existir un modelo tan ajustado a ella como el de la otra, pero, en realidad, hasta hoy se conocen argumentos que se le asemejan, pero no escenas y pasajes calcados. La comedia *Medora* es a juicio del sabio alemán la primogénita de Rueda; yo quiero pensar que sólo en ésta y a título de ensayo se valió de la tijera, contentándose en las otras con recoger el asunto, en cuyo caso la falta sería muy otra, porque, como dije al principio, reduce los asuntos a la mínima expresión, a un mero andamiaje para construir escenas vivas y regocijadas.[7]

(1924)

[7] Desaparecido el único ejemplar conocido de las Comedias, Coloquios y Pasos, hecho en Valencia por Timoneda el año 1567, que fué de don Pascual Gayangos y sirvió al señor Cotarelo para su edición, la más antigua que hoy se conoce es la de Sevilla de 1576.

JUAN DE VALDÉS Y EL "DIÁLOGO DE LA LENGUA"

NOTICIAS GENERALES

Juan de Valdés, el autor de este *ensayo*, nació, con el siglo XVI, en una ciudad fantástica, exaltada, donde debiera haber nacido el Greco. Allí, en Cuenca, fué regidor su padre durante muchos años. Sus hermanas casaron con gente noble; su hermano Alfonso, mayor en once años, fué secretario de Estado del Emperador, estuvo presente en Aquisgrán a la coronación de Carlos V, asistió a la Dieta de Worms, y fué tenido en la Europa de entonces por hombre de dotes singulares. Las cartas de Erasmo descubren todo el vivo afecto que le inspiraba Alfonso y toda la gran esperanza que tenía puesta en el joven *aventajado*, Juan, tan parecido a su hermano, que el filósofo de Rotterdam les llamó gemelos.

Los Valdés contaban —en el término municipal y jurisdicción de Cuenca— con heredades, tierras, casas, herreñales, batanes, censos... Alfonso, desde la Cancillería y Corte imperial, les ayudaba; no faltaron medios para la educación de Juan; estudiaría tal vez en la villa de Belmonte, sitio de sabias escuelas, de donde más tarde salió Fray Luis o, acaso en Alcalá de Henares. Parece que fué primero jurista y después teólogo; monseñor Carnesecchi declara en cierto proceso que le trató en Roma (hacia 1531) como cortesano y gentilhombre de capa y espada, y años después, en Nápoles, le pareció que se *había vuelto teólogo de repente*. Todo lo que pudiera allegarse sobre los estudios de Juan sería de vivo interés. ¡Es tan extraño su caso! Todas las noticias conocidas son insuficientes. Dicen que Pedro Mártir de Anglería, el profesor italiano que desde 1482 tuvo a su cargo en Castilla el magisterio de caballeros nobles, dirigió la educación de ambos y luego sostuvo amistad con ellos. Francisco de Encinas dice que Juan fué "praeclare instructus in disciplina fraterna"; es decir, en las ideas refarmistas erasmianas. Lo cual no es decir mucho, pues toda España estaba influída por Erasmo.[1] Tampoco añade gran cosa lo que el propio Juan declara en sus escritos, respecto a su aprendizaje, y esto de pasada y en tono algo zumbón. Viene a decir (extraña coincidencia de los místicos) que fué muy dado a la lectura de libros de Caballería (acordémonos de Santa Teresa), que empleó diez de los mejores años de su vida, cuando andaba entre palacios y Cortes, en leerlos, hasta el punto de no tolerar libros de mayor enjundia y gusto. Pero aquí no puede verse más que una hipérbole o un ademán de elegante displicencia. Además de las lenguas clásicas, latina y griega, se debatió ahincadamente con el hebreo; y del *Diálogo de la lengua* se deduce cuánto debió mezclar aquellas lecturas con el estudio de Luciano, el satírico de Samosata, de quien toma los ejemplos griegos y la técnica del diálogo.

El año de 1527 escribió Alfonso (y lo revisó Juan) su *Diálogo de Lactancio y un arcediano,* enfilando la defensa del Emperador por el saco de Roma. Poco después (1528) aparece el *Diálogo de Mercurio y Carón,* compuesto por Juan, según los papeles de la Inquisición vistos por Gallardo. Menéndez y Pelayo ve un parecido tan grande, de estilo, intención e ideas, entre ambos diálogos, que sigue adjudicándole la paternidad a Alfonso, o creyendo, al menos, en su colaboración. En este diálogo salen las guerras y desafíos de los reyes de Francia e Inglaterra a Carlos I. Pero lo que le anima y avalora no es lo histórico, sino las ideas morales,

---

[1] En el año de 1527 no había veinte españoles que no tuviesen un ejemplar del *Encheiridion* de Erasmo ("Manual de moral cristiana").

los razonamientos, sutilezas y teorías que, al modo de Luciano, pone en boca de las almas que vienen a embarcarse en la nave de Caronte al verse desprendidas de sus cuerpos. Menéndez y Pelayo considera que esta obra es superior en arte y variedad a los *Coloquios* de Erasmo, y que Juan de Valdés sería para nosotros el rey en este género, si no le hubiese ganado Cervantes con su *Coloquio de los perros*. Éste debió estimarla altamente, pues, como dice el mismo Menéndez y Pelayo, los consejos que Don Quijote da a Sancho al partir para la ínsula recuerdan los que el rey bueno da en ella a su hijo.

Ambos diálogos atrajeron sobre los Valdés la sospecha de los inquisidores. En tres fundamentos apoyaron éstos el proceso contra Alfonso: 1º En el entusiasmo por el filósofo de Rotterdam y por sus libros. 2º En su intervención en las dietas y coloquios de los disidentes alemanes; y 3º En el libro de los sucesos de Roma ("El saco"). Mas las diligencias judiciales debieron quedar en sumario, tal vez porque el *Diálogo de Mercurio y Carón* inclinó más la persecución sobre Juan o porque ambos salieron de España.

Juan va a Italia. Con el cambio de país, su vida cobró actividad y un sentido más profundo. Primero va a Roma (1531) con carta de su hermano para el cronista Ginés de Sepúlveda. A Roma le llega la noticia de la muerte de su hermano acaecida en Viena (1532). De allí pasó a Nápoles, vuelve todavía otra vez a la ciudad pontificia, en 1533, para recoger un cuaderno de refranes y regresa a Nápoles, de donde ya no se mueve. Allí, tras la muerte de su padre y de su hermano, el lamentable espectáculo de Roma, la Reforma y el bamboleo general de la vida, se debió originar en su alma una crisis que le abismó en las meditaciones espirituales. Pronto sintió la necesidad de volcar el fruto de ellas, y se vió rodeado de un pequeño grupo espiritual, de una pequeña y amada corte. Sus condiciones personales y temperamentales favorecieron esta agrupación. Juan "era de conversación suave y atractiva"... "*Aunque* profundamente luterano (¡qué relieve toma este *aunque* en labios de un personaje como el cardenal Monreal!), tenía bella presencia, maneras agradables y, lo que hace más atractiva la belleza, una vasta erudición, una rapidez vivísima en las respuestas y un conocimiento hondo de las sagradas letras." Según el poeta Bonfadio, "gobernaba su cuerpo débil y magro con una pequeña parte de su alma". Francisco de Encinas lo retrata de este modo: "Era delgado de cuerpo, de hermoso y agradable continente, de modales suaves y corteses; no se casó, y su vida fué inmaculada."

Figuraban en el pequeño grupo de los comienzos tres figuras notables: Bernardino Ochino, predicador tan sensacional acaso como Savonarola; Pietro Carnesecchi, en un tiempo secretario de Clemente VII y protonotario apostólico, el cual habiendo sido encargado de disolver a los valdesianos, llegó a ser su mejor discípulo, y Julia Gonzaga, la viuda de Vespasiano Colonna, condesa de Fondi, tan soberanamente bella al interior como en lo aparente. Pocas siluetas de mujer guarda la historia tan sugestivas, tan nimbadas de misterioso romanticismo. Bartolomé del Piombo la retrató; la cantó Bernardo Tasso; Solimán el Magnífico mandó que la robasen para su harén; Julia pudo escapar huyendo desnuda, a media noche, por los campos...

El grupo fué creciendo; los adictos a Valdés llegaron a tres mil, en Nápoles. En él figuraban nobles, canónigos, embajadores, monjes, escritores. La doctrina valdesiana iba, luego de los cultos, a los burgueses y a los campesinos. No queremos citar aquí a los varones, pero sí a las damas que mantuvieron el fuego sagrado. Júzguese la clase social que rodeó a Valdés: Victoria Colonna, viuda del marqués de Pescara, amor de Miguel Ángel; Isabel Manrique, heredera del marqués de Vico; María de Aragón, belleza singular y gran ingenio, marquesa del Vasto, esposa del príncipe de Salerno; Juana de Aragón, hermana de María, mujer de Ascanio Colonna; Isabel Villamari y Cardona, princesa de Molfetta, mujer de Ferrante Gonzaga; Isabela Colonna, princesa de Besignano; María de Cardona, princesa de Salmona, mujer de Francisco de Este; Constanza de Ávalos, duquesa de Amalfi; María Briceño; Dorotea Gonzaga, marquesa de Bitonto, señalada por su saber; Clarisa Ursina, princesa de Stigliano; Robusta Carafa, princesa de Madalone; la bella princesa de Squilace; Catalina Cibo, duquesa de Camerino.

La predilecta fué siempre Julia. Ella fué la Santa Paula de este San Jerónimo. Para ella fué compuesto el *Alfabeto cristiano*; los *Comentarios* a las Epístolas de San Pablo iban dedicados a ella. La explicación huelga: Julia prestó desde el primer momento su entusiasmo y su ayuda, cediendo su palacio para las reuniones. Cuando no en casa de Julia, tenían lugar en un palacio de la vía San Giovanni a Carbonaca o en una quinta situada en Chiaja, cerca de Posílipo, a la orilla del golfo. Allí congregaba Valdés, todos los domingos, un número selecto de sus íntimos. Después de almorzar vagaban por los jardines, recreaban sus ojos en la reverberante bahía, en la isla de Capri, esplendoroso retiro de Tiberio... Luego, ya en la casa, Valdés leía y comentaba las Sagradas Escrituras, hacía sus "divinas consideraciones", y por las tardes le quedaba ingenio aún para responder a los temas libres que sus amigos proponían. Así insensiblemente nació el *Diálogo de la lengua*; como de los comentarios y glosas matinales nacieron *Las ciento y diez consideraciones* (1539).

El aspecto religioso, reformista, de Valdés es acaso el más interesante; tuvo en su tiempo un valor humano más universal que los otros dos que nos presenta: el literario y el filológico. Aquí bastará, sin embargo, decir que el místico conquense "suscitó en la sociedad napolitana el interés por los problemas religiosos del tiempo y el anhelo por una forma de cristianismo más íntimo e intenso fundado sobre el principio de la justificación por la fe". Él introdujo la Reforma en Nápoles. Su libro fundamental, *Las ciento y diez consideraciones*, se expande por Europa; es atacado furiosamente por los calvinistas y es defendido calurosamente por los antitrinitarios.

Su grupo fué disuelto en Nápoles, primero por la acción del virrey, luego por la de los teatinos y jesuítas. Los propagadores más brillantes, Dehino y Pedro Mártir, salieron de Italia y trabajaron por la Reforma en Suiza e Inglaterra. Valdés murió antes de que comenzaran las persecuciones, el año de 1541, dejando por heredera a Julia Gonzaga. El lector curioso puede saborear en los *Heterodoxos españoles*, de don Marcelino Menéndez y Pelayo, las páginas que dedica a la herejía valdesiana. Parece que en su doctrina están en sustancia los principios de Jorge Fox, o de los grandes puritanos llamados cuáqueros, y que las raíces habría que buscarlas en el misticismo alemán.

APUNTES AL "DIÁLOGO DE LA LENGUA"

El *Diálogo de la lengua* no roza, ni levemente, los temas religiosos. Por esto no figura jamás en los Índices expurgatorios. Parece indudable, sin embargo, que se trató de anular durante dos siglos consecutivos la obra entera y hasta el nombre de Valdés. Casi no hay ejemplares de sus producciones. Hace poco, todavía una voz salida del monasterio escurialense quiso convencernos de que Valdés no fué padre del *Diálogo*. Voz que obtuvo feliz respuesta del señor Cotarelo.

El diálogo reproduce una gustosa charla dominguera tenida en el campo, junto al mar, entre cuatro amigos, dos italianos y dos españoles. El personaje principal, a quien van dirigidas las consultas, el Sócrates de este diálogo, se llama Valdés. La naturalidad y la veracidad no le permitían otra cosa al autor.

¿De qué hablan estos cuatro amigos? ¿Cómo hablan, en qué forma?

Uno de los italianos, deseoso de llegar hasta las profundidades de la lengua española, puesto que "ya en Italia, assi entre damas como entre caballeros, se tiene por gentileza y galanía saber hablar castellano", toma pie de las dificultades tropezadas en las cartas que Valdés envió a sus amigos desde Roma durante su ausencia (ida a Roma del año 1533) para ir enfilando preguntas sobre los más variados problemas del lenguaje. De aquí que el diálogo sea uno de los primeros tratados de nuestro idioma y que su valor sea doble: literario y filológico.[2]

[2] Nebrija, que le precedió con su *Gramática* y *Vocabulario*, fué más técnico que Valdés, pero no pudo rivalizar con éste en cuanto a facultades literarias.

El empleo de la forma dialogada en disciplinas científicas lo aprendió Valdés en Italia seguramente. La *Gramática* de Crisolaras —el primer maestro de griego, en Italia, 1397-1400, inaugurador de una época nueva en cuanto a los estudios filológicos— está escrita en forma de preguntas y respuestas (*Erotemata*) y es el primer libro moderno de esta clase. Rigió hasta el siglo XVI. Erasmo enseñó con ella en Cambridge.

¡Diálogo! He aquí una palabra desnuda ya de toda significación elevada. Y, sin embargo, ella encerró, y encierra todavía para muchos espíritus nobles, el ideal de la cultura. Para llegar al diálogo se necesita una educación no especial ni especializada, sino mucho más íntegra y humana; por esto puede ser ideal de cultura. Junto a un diálogo de Platón, la tesis de un Privat-dozent de la filosofía es burda, mezquina, e inútil si bien se mira.

Ese amor al asunto, ese cuidado de atención que opone cada uno al matiz con que brinda el otro, esa elaboración rápida y fina a que deben ser sometidos los conceptos para que resulten claros y agradables, sin afectación ni amaneramiento, no son improvisables.

Valdés maneja el diálogo. Menéndez Pelayo le concede una maestría no superada más que por Cervantes en su *Coloquio de los perros.* Pero habla genéricamente de los diálogos de costumbre. Engloba este diálogo docente con los demás. No repara lo suficiente en que se desarrolla y mantiene todo él sin dar cabida a esos intereses humanos frecuentísimos que complican la existencia.[3] Le extraña, sí, de paso, como puede extrañarle a un lego, que de temas soporíferos salga un producto agradable, y no repara lo suficiente en la modalidad griega y por ende renacentista que lleva en sí.

Pero tratemos de desenglobarlo. Coloquémoslo fuera de ese grupo literario de diálogos costumbristas; constituyamos con él un grupo, un grupo en el cual se incluyan todas aquellas obras que tienen como antecedentes preclaros los diálogos socráticos, que hoy la fuerza evolutiva del diálogo los

---

[3] Son temas espirituales los que calientan aquí a las almas, no las pasiones o los hechos humanos; el diálogo se mantiene a fuerza de amor a las ideas, a las verdades, al espíritu. Es un diálogo intelectual, un ensayo.

ha convertido en *Ensayos.* Se caracterizan estas obras por un amor intelectual desinteresado, mucho más desinteresado y puro que el de los sistemas científicos, y por un apego a la expresión literaria en el buen sentido del vocablo.

Entonces veremos que no hay en la literatura española, hasta los tiempos actuales, un ejemplar tan vivo, tan dúctil, tan claro, tan moderno como éste de Valdés.

Ya se ha podido vislumbrar, en páginas anteriores, que la personalidad ética de Valdés tenía una prestancia renacentista bien delineada. Su personalidad científica y su personalidad literaria tienen la misma forma y la misma esencia. Valdés sabe llevar con noble empaque el Renacimiento; el erasmiano y el italiano, ya que algunos tratan de oponer al renacimiento italiano un renacimiento español a base de Erasmo, cosa un tanto arbitraria. Valdés funde en su prosa lo nacional y lo clásico; inicia lo que más tarde se verifica plenamente en Fray Luis de León.

Los hombres del Renacimiento portaban consigo, entre otras divisas, éstas: el deseo de conocimiento y la confianza en la facultad humana. Mirando hacia la Antigüedad —vivamente atraídos por ella— vislumbraron la ciencia, es decir, el deseo de conocer, y los mismos caminos que a ella conducen: la investigación pertinaz y la propuesta sistemática de problemas que resolver. El hombre se dió cuenta exacta de su razón. Esta confianza fué la que dotó al Renacimiento de su clara sonrisa.

Es Valdés el primero que trata de orientarse en los variados problemas del lenguaje. Habla de los orígenes de la lengua, y si balbucea un poco al principio, acaba declarando —como la moderna filología romántica— que la lengua latina es madre única de todas las lenguas romances que se hablan en España. Habla de fonética y ortografía, de flexión y de sintaxis, con observaciones y puntos de vista que, a veces, son arbitrarios, pero que no por eso dejan de ser las primeras piedras de un edificio. Habla de vocabulario, de la elección de palabras y del estilo, acusando aquí marcadamente su sensibilidad renaciente. Él acoge, en fin, y da validez a los dichos populares, a toda esa pintoresca filosofía popular de los refranes. Un rasgo de la época. Junto a este instinto, casi diríamos democrático, enseña un deseo al parecer contradictorio: el de aristocratizar la lengua. Nosotros no vemos aquí más que un elevado deseo de integración. Primero acepta lo popular, aunque rechazando los términos plebeyos, y luego va derechamente en busca de los vocablos puros, concretos y claros. Se ve que domina un poco el aristócrata. No es chocante; el deseo de integración es aristocracia por sí mismo, y el movimiento renacentista fué un movimiento esencialmente aristocrático; por esto no pudo difundirse tanto como aquellos otros que tuvieron por base la democracia; ejemplos: el cristianismo y la revolución francesa. En los países donde la aristocracia intelectual era precaria, nula o reducida, entró poco, no entró nada o entró muy tarde el Renacimiento.

Pero el deseo irrefrenable de selección, sentido por Valdés, le condujo al absurdo de formar una larga lista de voces que debían ser condenadas por el buen gusto; cosa que el tiempo manifestó de ilegítima y sin sentido, pues algunas, muchas de ellas, fueron luego las preferidas de los escritores clásicos y la gente refinada. En cambio de esta caída, vedle salvado en la aceptación de los neologismos. Su espíritu no era un puerto cerrado. Con cada palabra que llega, llega un concepto. Cerrarse a lo que con su novedad nos enriquece, es lo medioeval. Y él, como renacentista, para defender su tesis apela a Cicerón, que volcó en el latín vocablos griegos innumerables.

Ya vimos de qué hablan estos dos españoles y estos dos italianos. Pero ¿cómo hablaban? O lo que tanto vale: ¿cómo escribía Valdés?

Basta con iniciar la lectura de este *ensayo* para que una sorpresa alborozada nos interrumpa. Bastan sólo unas líneas. No tenemos que vencer la gran repugnancia, la disconformidad que a menudo sentimos ante lo añejo. ¿De dónde viene este agrado? ¿Qué hay en el estilo de este escritor? ¿Es la claridad?

Sí. Manan con perfecta lógica las palabras y los pensamientos. Está el encanto en la ordenación sencilla y clara de los conceptos claros, y también en la sobriedad y en la justeza.

Hubo en España, desde... todos los tiempos, acaso, un español ampuloso, *hablistán* y *parabolano* (Valdés califica así a los parlanchines y fabuleros) y otro conocido por lo sobrio, lo claro y lo veraz que se manifiesta. Hay quienes no conocen más que al primero de estos españoles; otros, en cambio, no conocen o no quieren conocer más que al segundo. Recuerdo que don Francisco Giner era de éstos. Pues bien, leyendo a Valdés se siente uno partícipe de la opinión de Giner, y en realidad se siente reconfortado con la esperanza de que ese módulo español se acentúe cada vez más.

Leyendo a Valdés acude también a la memoria aquel trozo admirable que Azorín —árbitro del buen gusto literario— dedica en *Un pueblecito* a glosar el pensamiento de Bejarano sobre el estilo. Azorín comienza el primer párrafo con estas palabras: "Todo debe ser sacrificado a la claridad"; y el segundo con estas palabras: "Sí, lo supremo es el estilo sobrio y claro".

Y, ya en el tren de las asociaciones, permitidme agrupar unos cuantos nombres de la España sobria y clara: Velázquez, Cervantes, Valdés, don Diego de Mendoza y el autor de la *Celestina*. Pero no establezcamos confusiones. Entre el renacentismo de Valdés y el de Cervantes hay la diferencia que entre el adorno renacentista del arquitecto Gil de Ontañón y el de Diego de Siloe, por ejemplo.

¿Fué espontánea la claridad y la sobriedad en Valdés? El mismo Azorín dice: "El estilo no es una cosa voluntaria... El estilo es una resultante... fisiológica." Sí; un artista puede volcarse en un estilo claro sin necesidad de tener conciencia de ello; pero Valdés la tenía. La tenía, y predicaba la claridad y la justeza. Es que, durante el Renacimiento, el tema de la claridad vino a ser un tópico, me diréis. No importa en este caso. El lugar común tiene un cariz fariseo inencajable en lo que Valdés dedica al estilo. Se ve, claramente, que practica su teoría o que teoriza su práctica; yo me inclino más a lo primero.

Por lo demás, se ve que su estilo se ha ductilizado en la plática frecuente, y en la plática con mujeres, las cuales exigen una mayor precisión, claridad y movilidad. No es el lenguaje de un escritor mudo, antes bien el de un conversador brillante sometido a la disciplina de un auditorio educado.

Del *Diálogo de la lengua* quiero entresacar unas frases significativas. Dos se ajustan al asunto de que tratábamos ahora, al estilo; las otras dos indican la rectitud de su espíritu y la validez moderna que tienen.

El estilo que tengo me es natural, y *sin afectación* ninguna escribo como hablo; solamente tengo cuidado de usar de *vocablos que signifiquen bien lo que quiero decir*, y dígolo cuanto más llanamente me es posible, porque, a mi parecer, en ninguna lengua está bien el afectación.

...y todo el bien hablar castellano consiste en que digáis lo que queréis *con las menos palabras* que pudiéredes, de tal manera que, explicando bien el conceto de vuestro ánimo, y dando a entender lo que queréis decir, de las palabras que pusiéredes en una cláusula o razón no se pueda quitar ninguna sin ofender o a la sentencia de ella o al encarecimiento o a la elegancia.

Contestación que da a P. al indicarle éste que critica a un paisano

Que sea de mi tierra o no, esto importa poco, pues, cuanto a mí, aquel es de mi tierra cuyas virtudes y suficiencia me contentan, si bien sea nacido y criado en Polonia.

Palabras nobles que tiene para su oficio

...jamás me sé aficionar tanto a una cosa que el afición me prive del uso de la razón, ni desseo jamás tanto complacer a otros que vaya contra mi principal professión que es decir libremente lo que siento de las cosas de que soy preguntado.

Estas frases escogidas no lo muestran, sin embargo, en todos sus aspectos. Ya el lector verá otras en donde asome el espíritu crítico y satírico. Comprendo que falta mucho por decir, pero prefiero que lleguéis más pronto a este soberano diálogo español, que, a juicio de los más doctos, es jalón único entre la *Celestina* y el *Quijote*.

Y, además, porque *Agora ya es hora de ir a Nápoles*, como decía Valdés para levantar su tertulia.

(1919)

ESPRONCEDA

SU VIDA

Brevemente voy a recontar la historia de Espronceda, no obstante ser su vida una de las que solicitan con más ahinco narración buena y amplia.

Las circunstancias de su nacimiento no son vulgares: iban sus padres camino de Badajoz, desde Villafranca, obligados por los sucesos de Aranjuez. La carretela hubo de hacer alto a legua y media de Almendralejo, en un sitio llamado los Pajares de la Vega. Allí, en la amplitud libérrima del campo ennoblecido por vestigios de la Roma clásica, y en una choza de pastores, nació en el día 25 de marzo de 1808.

Este suceso, con visos de peripecia, es como anuncio de azarosa vida y, además, como índice de la historia española que transcurría entre las tiránicas veleidades de un rey y el levantamiento contra el ejército francés que nos invadía.

Para los que hacen cábalas con los antecedentes familiares diré que el padre del poeta era militar, teniente coronel y sargento mayor del regimiento de caballería de Borbón, y que engendró a Espronceda en su segunda mujer, con la que casó a los cincuenta y tres años, aventajándole en veinticinco de edad. Fué, por consiguiente, hijo de padre viejo y de madre joven, ambos viudos. Tuvo tres hermanos mayores que murieron pronto; por esto se le consideró siempre como hijo único.

Esta familia de tres individuos aparece viviendo en Madrid, en la calle del Lobo,[1] el año 1820. Se dice que la madre era de natural un poco irascible, pero podemos sospechar que el hijo tenía como embaucados a sus progenitores.

---

[1] Hoy de Echegaray.

La prueba está en que habiendo solicitado el brigadier una plaza de cadete para su hijo, en la Academia de Artillería, que se le concedió en 14 de julio de 1821, consiente en que la abandone pronto e inicie la trayectoria de las letras, asistiendo al colegio de la calle de San Mateo, donde bajo la dirección de don Juan M. Calleja adoctrinan en humanidades Lista y Hermosilla. De este colegio, cerrado arbitrariamente por una orden real, pasó luego al fundado por Lista en la calle de Valverde el año 23.

Se recuerda con gusto el esbozo que hace don Patricio de la Escosura a propósito de Lista y de la casa y habitación donde todos ellos recibían las lecciones. Estaba el colegio en un edificio de humilde apariencia, de dos balcones por piso a la fachada, un portal de la época, ni claro ni limpio, y una escalera empinada y obscura. Les abría la puerta una moza burda y zahareña que se sorprendía oyéndoles hablar de senos y cosenos con un señor tan respetable como don Alberto. La sala donde éste los recibía era pequeña, esterada de esparto blanco en invierno; en verano presentaba el desnudo rojo de sus ladrillos. Adosadas a las paredes había unas sillas oscuras de Vitoria, y en el centro una mesa de camilla con sus faldas verdes y su tapete de hule negro. Invariablemente hallaban todos los días a don Alberto leyendo junto a la mesa, muy pegado al libro, porque era cegato a más de singularmente feo. Usaba larga y ancha levita negra y un gorro también negro y con borla en lo más alto. Nunca se apercibía de la entrada de los chicos a causa de su abstracción, y cuando la notaba, como no los divisaba, decía solemne: "Beso a usted la mano".

Este rasguño digno de Alenza es sumamente evocador. Entre otras cosas hace pensar en el austero maestro, en la austera España, en el fervor de entrambos y en lo distinta que fué la educación de Espronceda y la de Byron, prototipo luego del poeta español. Fijándose en esto, cabe decir que entre Byron y Espronceda hay la diferencia que entre la Universidad de Cambridge y el colegio de la calle de Valverde.

El día 7 de noviembre del 23 fué ahorcado Riego en la plaza de la Cebada. Espronceda, Escosura y los demás jovenzuelos, fundadores de la Sociedad *"terriblemente* conspiradora" llamada "Los Numantinos", presenciaron la escena, y la misma noche, en el tenebroso local donde se reunían,[2] juraron por escrito no descansar hasta que fuese vengada la muerte de aquella víctima del absolutismo. Pero la Sociedad fué delatada, y el documento sirvió para condenar a su presidente, entonces Espronceda, a cinco años de reclusión en el convento de San Francisco, en Guadalajara. Allí comenzó el *Pelayo,* cuyo fragmento pudo enseñar a Lista cuando le indultaron, a las pocas semanas.

Tales eran las andanzas de nuestro poeta a la edad de quince años, seguramente inconcebibles en un país menos meridional que el nuestro. Hay que tener en cuenta la tensión excepcional en que se vivía por entonces. Si los jovencillos se enardecían al contacto del ambiente, no menos fuera del equilibrio moral estaban los gobiernos que se inquietaban por conjuras infantiles.

Espronceda siguió cursando en el colegio hasta el año 1826, y colaborando en la "Academia del Mirto", que era

[2] En los sótanos de una botica, sita en la calle de Hortaleza, próxima a la esquina de la de las Infantas. Formaban el local dos bóvedas cruzadas en ángulo recto, con pequeños tragaluces a la calle. Allí, una tarima, una mesa vestida de negro, unos bancos y taburetes, unos faroles de papel rojo y emblemas macabros que se transparentaban al encender el alcohol. En la mesa, unas espadas y un par de pistolas, y a la entrada unos cortinones de bayeta negra. Los "Numantinos" vestían ropones o capas negras y antifaz veneciano los días de solemnidad, y empuñaban arma blanca.

como una prolongación del colegio, y entonces, harto de
molestias, o ávido de observaciones y experiencias más va-
riadas, decidió lanzarse al mundo. Se embarca en Gibraltar
y va a Lisboa en una balandra sarda repleta de tipos variados y curiosos que aprovecha para su artículo "De Gibraltar
a Lisboa". En un arranque del Estudiante de Salamanca,
arroja al Tajo las dos pesetas que le quedaban, por no entrar
en Lisboa tan mal provisto —así lo dice en dicho artículo—
y, al pisar la nueva tierra, pone el pie en el umbral de la
vida ciertamente; pues allí conoce —es lo más verosímil—
a Teresa, la mujer que dió motivo al canto más romántico,
mejor logrado de todo lo suyo y más popular. Teresa y su
padre, el brigadier Mancha, estaban desterrados. Espronceda, no; pero fué recluído en Santaren por orden policíaca
con otra porción de emigrados españoles. Teresa y su padre
fueron enviados a Inglaterra; Espronceda les sigue a fines
del año 27.[3] Faltan datos para ver bien en esta primera
escaramuza de amor. Los que hay no justifican el estallido
pasional que culmina con el rapto. Según ellos, Espronceda
vivía con cierta holgura y buenas relaciones sociales, mientras las hijas del coronel Mancha tenían que coser para
vivir. Por otra parte, la inquietud política de Espronceda
no baja; su permanencia en Inglaterra es próximamente un
año. Todo hace creer que le interesaba mucho más la vida
de acción revolucionaria que la situación embelesada y anhelante del enamorado. Abandona aquel país el año 28,
pasa a Holanda y de Holanda a París, donde combatió en las
barricadas llamadas de la revolución de Julio, que destro-
nó a la rama primogénita de los Borbones. Mientras, Teresa

---

[3] Esto hace imposible que la poesía *La entrada del invierno en Londres*, publicada por Mr. Churchman, sea un legítimo autógrafo.

es sacada de su pobreza por un comerciante, don Gregorio del Bayo, que se casa con ella.

Es emocionante y ejemplar el entusiasmo férvido y el desinterés que este muchacho de veinte o veintidós años ponía en la causa de la libertad. Primero y siempre en la de su país, pero también en la europea. Y ello con una perfecta conciencia de la gravedad de su misión, como vemos repetidamente en las cartas a sus padres. El triunfo de Julio en París alentó a Espronceda, a Arraiz y demás emigrados, los cuales, creyendo contar con la ayuda del gobierno francés, osaron acercarse a la frontera pirenaica —no obstante la vigilancia en que se les tenía— y penetraron en España, por Vera de Navarra, con una columna poco numerosa dirigida por el célebre *Chapalangarra* don Joaquín de Pablo. La intentona falló. En España estaban sobre aviso de los pasos revolucionarios y habían cursado órdenes de que el poeta no se aproximase al sur de Francia, y de que no le facilitasen pasaportes sino para el norte. Por esto, y porque el ambiente navarro no respondió y porque las tropas del rey pudieron más, fué vencido y muerto don Joaquín de Pablo. Espronceda, que pudo librar su vida, cantó la muerte del caudillo.

No terminan aquí sus andanzas de hombre de acción. Le faltaba llevar ésta al terreno sentimental: entonces acomete el rapto de Teresa en París. Tal vez sea oportuno recordar aquí un pasaje de la niñez del poeta en que se revela su carácter impetuoso. Tenía diez u once años, los mismos que un amigo y convecino suyo que había de ponerle en conocimiento con Escosura. Habían convenido en que se haría la presentación de éste en el patio de la casa de aquéllos a determinada hora, pero, cuando llegaron, Espronceda no estaba. Después de cierta perplejidad, temerosos de molestar a la madre del poeta, que tenía fama de irascible, decidió el intermediario llamarle a voces por el ojo del patio. Y, en efecto, allá, por una ventana del tercer piso, asomó su cabeza rizosa y viva el jovencillo deseado. "En seguida estoy con vosotros", afirma, y sin pararse en más se echa fuera del antepecho y desciende medio volando, medio deslizando por la tubería de la canal. Hubiera sido muy largo bajar por la escalera. Escosura dice que la bajante se cimbreaba como un arbolillo azotado por el aire.

Con el mismo ímpetu irreflexivo, pero cordial y simpático, arrebató a Teresa, y acogiéndose a una célebre amnistía, vino a España. Alojáronse en la calle de la Cruz, y esta calle fué en verdad de paraíso y de amargura, de pasión y de calvario. No habitaban en el mismo número de la calle, y esto ofendía a Teresa; pudieron existir otras causas de disgusto: el hecho es que Teresa le abandona. Él la busca y recobra en Valladolid, pero, roto el acorde, tronchada la comunicación íntima, aprovechó la coyuntura de estar Espronceda perseguido y refugiado en casa de una amiga, y voló. Así terminan aquellos turbulentos amores, dejando en poder del padre una niña de cuatro años, doña Blanca (como dejó en poder de don Gregorio Bayo a su primer hijo, Ricardo). Se desconocen los pasos de aquella romántica y poetizada figura, que murió tísica poco después, como la Dama de las Camelias. Espronceda vió su cadáver a través de la reja de un piso bajo en la calle madrileña de Santa Isabel. Con este primer amor suyo acaba su juventud y casi las posibilidades de una vida familiar. Al regresar a España, había ingresado en el cuerpo de Guardias de Corps, pero una vibrante poesía fué causa de que le expulsaran y desterraran a Castilla la Vieja (de entonces su novela *El Castellano de Cuéllar*). Luego fué periodista, orador, novelista, y siempre exaltado republicano, próximo al anarquismo. Tomó parte en todos los pronunciamientos hasta que triunfó el de septiembre de 1840, año en que se hace famoso al publicar sus "Poesías", las cuales dedicó a la señora de Osorio, de quien estaba enamorado. Al siguiente, acepta el puesto de secretario de la Legación española en La Haya, y de allí viene al Congreso como diputado por Almería, para no destacarse. Al pasar por París, entra en casa de Escosura, que estaba desterrado nuevamente. Voy a copiar el trozo en que el amigo da la impresión de aquella última entrevista:

> Paréceme, a pesar del transcurso de los veintiocho años... que le veo sentado cabe el humilde y modesto, pero decente hogar del emigrado, acariciando la rubia cabellera de la mayor de mis hijas de entonces, mientras los otros dos, uno a los pies, y en el regazo la otra de su madre, le contemplaban a él con infantil, intensa curiosidad; paréceme, digo, estarle viendo tenderme afectuoso la mano, con la sonrisa en los labios, pero con la sonrisa del cariño, con la que reservaba para los amigos, no con la estereotipada en sus labios por el dolor y el desengaño; y paréceme, en fin, que aún vibran en mi oído aquellas sonoras notas de su inimitable acento, diciéndome enternecido, después de oír la relación de las dificultades con que yo para vivir luchaba, y —¿por qué negarlo?— también de la nostalgia que de mí iba rápidamente apoderándose: —A pesar de todo, Patricio mío, eres más feliz de lo que presumes: tienes casa, tienes mujer, tienes hijos; estás en las condiciones de todo el mundo... ¡Y yo!...

Espronceda muere a los treinta y cuatro años, cuando estaba a punto de realizar este anhelo de hogar casándose con doña Bernarda de Beruete.

SUS POESÍAS Y POEMAS

Hay que acudir algunas veces al llamamiento de las figuras pasadas, entre otras cosas porque con ello se nos reanima la continuidad de la cultura, que no es más que un concepto. Si vive uno exclusivamente en la actualidad, no es posible entrar de súbito en comunicación con la obra lejana. Jamás sentí tan a lo vivo este hecho como cuando se me invitó a prologar las poesías de Espronceda.

Me hallé de pronto en una música poética que ya no me sonaba, o si me sonaba, era como a organillo populachero. No hice caso; vencí la repugnancia y después de llegar a versos como éste:

> Coged de amor las rosas y azucenas,

cuyo acento fino y cortesano evoca a Rubén, fuí dejando de oír el manubrio. Las sorpresas gratas saltaban ahora en uno y otro lado. Fuí viendo que no estaban nuestros días sin conexión con el pasado.

> Dar limosna
> es un deber,
> y es pecado
> la riqueza;
> la pobreza
> santidad.
> Dios a veces
> es mendigo.

¿No recordáis de Manuel Machado un acento próximo, y afirmaciones tajantes y bizarras en este mismo tono? Pues hay más. Manuel ha debido leer mucho en su primera juventud al poeta extremeño:

> Y para mí no hay mañana
> ni hay ayer.
> Olvido el bien como el mal,
> nada me aflige ni afana,
> me es igual para mañana
> un palacio, un hospital.

Y es fácil hallar en sus poesías no sólo tonos sino hasta sentimientos típicamente románticos, v. gr.: el tema de la prostituta y el poeta. Dice Espronceda:

> Ven Jarifa, tú has sufrido...
> Una misma es nuestra pena...
> Tú también, como yo, tienes
> desgarrado el corazón.

Y dice la "Antífona" de Manuel Machado:

> Ven, reina de los besos, flor de la orgía...
> en que los dos ahogamos nuestra amargura...
> Lo que vendemos ambos no tiene precio...
> un ansia igual nos lleva que nos agota.

El tema se podrá hallar en cien mil, pero no el rumbo, la pizca de majeza, en el buen sentido de la palabra.

> Y si caigo
> ¿qué es la vida?
> Por perdida
> ya la di.

Y dice Machado:

> No importa la vida, que ya está perdida;
> y después de todo, ¿qué es eso, la vida?...

El garbo de este giro esproncediano:

> Y sin pena
> y descuidado
> de su cena
> ceno yo,

se perpetúa en el simpático y gran artífice sevillano. Como parecen perpetuarse en Rubén muchas finuras de estas estrofas:

> Bella como la luz de la serena
> tarde que a la ilusión de amor convida;
> el alma acaso de amarguras llena,
> hermosa en el verano de la vida,
> ....
> Aquí un vestido de francesa blonda,
> la piocha allí de espléndidos brillantes,
> la diadema de piedras de Golconda,
> sobre el sofá los aromados guantes.

Yo sé que no es costumbre, al menos frecuente, en los estudios literarios el relacionar a un autor con los sucesores y actuales. Pero me parece de gran interés, y sobre todo en este caso. Se palpa todavía en la producción actual de los ya consagrados mucho vestigio romántico; en Azorín, en Baroja, en los Machado, en Ortega y Gasset mismo, en Miró. Al releer a Espronceda, parece que me dice: "Nosotros los románticos rompimos toda relación con nuestros padres, pero con vosotros, los actuales, hemos ido a través de los pueblecitos españoles; hemos cambiado palabras con los vagabundos y descontentos; hemos oído la pena en los labios de una hija de la vida; hemos columbrado desde un alcor las angustias que volaban hacia lo desconocido; nos paramos a leer *Atala* o el *Quijote* delante de las temblorosas perspectivas que salen al paso en la ruta del Cid, o nos abandonamos a la pura nostalgia de unos amores. Unamuno habla con nosotros como con todos los que han tenido espíritu en España y fuera de ella, especialmente con los que afrontábamos con ardor toda clase de tiranías. Y por ahí trabajan los amigos de Alenza, los amigos de Esquivel, de

Valeriano Bécquer y de Parceriza." Todo esto dicho con plena conciencia de lo que en el día hay de ajeno y hasta de contrario al romanticismo. El tema es sugestivo, pero no es posible tocarlo aquí sino de pasada.

Alentado por la supervivencia romántica que comencé a vislumbrar, fuí entrando en el viejo compás, en la ideología y en el organismo de un arte pretérito. Yo no diré que me hayan ganado plenamente; hay en ellos tales espinas, tales muestras de "poco colegio", como decía Valera,[4] tales períodos de vulgarización filosófica y tanto verdadero ripio, que difícilmente se rinde uno en absoluto. Pero está aquí el *Estudiante de Salamanca*, del cual hablaremos aparte, y emerge de todo lo demás un temperamento gallardo, jovialmente viril, impetuoso y desbordante:

¿Y en qué parte del mundo, entre qué gente
no alcanza estimación, manda y domina
un joven de alma enérgica y valiente,
clara razón y fuerza diamantina?

(El Diablo Mundo)

Una figura, un hombre con plena confianza en sí mismo:

La primera
vez que he pensado en mi vida,
pensé alcanzar con la mano
donde alcanzaba la vista.

(El Diablo Mundo)

Se ve que Espronceda, pese a la melancolía y al "mal del siglo", y a la opinión acerba que tiene del mundo, ama la vida y está hecho para vivirla.

[4] Lista tiene una frase mucho más cruda para definir el talento de Espronceda: "es como una plaza de toros, muy grande, pero con mucha canalla dentro".

Por impulso vital y por ley del momento y del país en que vivían, codiciaron casi todos nuestros románticos el éxito popular. Esto impone a sus obras un carácter poco casadero con nuestros gustos. Es curioso compararles con los primitivos románticos alemanes. ¡Qué cambios ha sufrido el sentimiento romántico al encarnar en los distintos países e individuos! Conservan todos un sentimiento fundamental: todos son paladines resueltos de la personalidad humana, del yo de Fichte, el gran teórico del romanticismo; pero qué de cambios en lo demás. Aquella pureza de miras artísticas que preconizó Federico Schlegel, aquel apartamiento de todo ideal político, moral y social se pierde. Se pierde, o no se acepta tampoco de buen grado por algunos —Espronceda, Byron— aquello otro que fué origen del romanticismo: la reacción contra el siglo XVIII por racionalista, especialmente contra Voltaire. Los primeros románticos se convierten al catolicismo y lo abrazan por lo que tiene de estético, de caudal simbólico y sugestivo. Byron y Espronceda no sólo se apartan de esta dirección; es que son irrespetuosos con las tradiciones, se sienten más apegados a Voltaire. Los románticos de Dresde y Jena decían que Voltaire disecaba la vida con su afán analítico, y le odiaban, además, porque no veía en la religión sino el producto de la impostura, y en el arte un arma pedagógica o polémica. Le odiaban porque odiaban toda la ideología prerromántica, cuyo principio capital declara que el individuo es una entidad moral sometida al orden del todo, del conjunto. Para la nueva ideología, en cambio, el individuo era un fin por sí mismo: él hace y deshace, crea y destruye. Lo que importa no es la ley o conducta moral, sino la conducta artística; que la vida y la obra estén henchidas de personalidad creadora, de genio.

De aquí que los románticos no vieran la grandeza humana en lo común que nos une, sino en lo diferencial, que nos aísla, nos levanta o nos hunde. Comulgan —ya lo dijimos— en el yo de Fichte. Tienden a sobresalir del vulgo; odian el filisteísmo prosaico; hablan a cada paso de "una vida más elevada", "un pensar más digno y levantado". La norma era huir de lo trivial y lanzarse a regiones abstractas o inefables.

Hace poco tuve ocasión de publicar en castellano la obra más típica del primer romanticismo alemán, la *Lucinda* de Federico Schlegel. Habíala traducido en mi mocedad y al releerla sentí como nunca lo monstruoso, al par que divertido de esta obra. Es el producto de un espíritu muy culto, lleno de letras y de estética. Todo en *Lucinda* es premeditado: el libertinaje, la confusión, la falta de arquitectura y de medida, la incohesión, lo paradójico, lo irónico. Sigue el autor, punto por punto, sus teorías poéticas y las ideas expuestas en sus *Fragmentos*. Aquel espíritu tan artista, bien intencionado y férvido produce una obra helada porque no abandona un momento su papel de apóstol romántico. De nada le vale la supertensión ficticia. Es el peligro eterno de convertir en púlpito la obra artística. Recomiendo, sin embargo, su lectura a todo el que se interese por el romanticismo: ella es su quintaesencia; en ella se pretendió realizar el ideal de literatura "absoluta", correlativo al idealismo absoluto de Fichte.

Espronceda no viene de este núcleo alemán tan pertrechado de clasicismo, de Edad Media, de filología, de lenguas, de religión y de metafísica: tan germánicamente pertrechado. Espronceda era más ingrávido, menos puro y más indocto. Recibe una educación clásica (muy corta, por cierto), pero en sus obras no hay vestigios latinos ni griegos, dice Mr. Churchman. Elige algunos asuntos nacionales y tradicionales, pero no acusa en su labor conocimientos históricos. Es un escéptico —sigue diciendo el mismo autor inglés—: duda de la bondad divina, de la bondad humana, de que la vida tenga un sentido. Duda hasta de su arte. Es político, es radical: hace arma de su estro, cosa descartada por el núcleo purista y teorizante alemán. En consecuencia, su arte no es puro, tiende a halagar determinados sectores sociales. Espronceda, en fin, no es subjetivo en la mayoría de sus obras; rasgo esencial que le separa no sólo de Byron, sino de todo el romanticismo.

No es preciso cansarse: Espronceda no viene de ahí. Todos sabemos su filiación, o mejor dicho, qué gérmenes allegadizos prestaron a su obra un carácter determinado. Es inútil negar que anduvo a la moda byroniana; sin que nadie pretenda decir que fuese un plagiario (Toreno, aparte), su admiración por Byron no es la misma que la sentida por Heine, por Leopardi, por Puchkin y por casi todos los grandes europeos contemporáneos suyos: es algo más filial o fraternal. El citado Mr. Churchman [5] ha puntualizado las analogías y diferencias entre el poeta inglés y el español, y el haber sido posible esta confrontación es ya bastante elocuente. Mr. Churchman anota una porción de detalles, y no será preciso indicar aquí que los detalles son de gran importancia en la estilística. Si el asunto de una obra puede ir rodando a través del tiempo y acabar por no tener época, los detalles estilísticos marcan en cambio la edad, y prestan fisonomía a quien los trabaja. Byron introduce la novedad de despedirse del lector al final de los cantos de aquellas obras que vende por entregas, agradeciéndole de antemano

[5] "Byron and Espronceda", *Revue Hispanique*, 1909, tomo XX, pp. 5-210.

que compre las siguientes. Espronceda hace lo mismo. Uno y otro se burlan de la ambición exclamando que tendrán mañana algún busto mal hecho. Uno y otro se quejan de la vanidad de la vida y citan a Platón, como citan a Horacio al lamentarse de tener canas a los treinta años. Ambos explican las fuentes de sus poemas, y declaran que tal o cual palabra no se amolda a la rima; ponen a Aristóteles como modelo de su arte y elucubran sobre la importancia relativa del amor en la vida del hombre y de la mujer. Además hacen digresiones y confiesan su delito.[6]

Nadie discute a estas alturas la influencia de Byron en nuestro poeta. Es evidente que le atraía su obra y su conducta, su arrogancia, su desenfado para juzgar de la vida y moverse en ella, su escepticismo y su agilidad mental. Pero quien analice sus obras con un poco de cuidado verá que a pesar de eso, a pesar de haber, acaso de un modo inconfesado a sí mismo, deseado producir obras como las de Byron, sus frutos son en el fondo y en la estructura general muy distintos. Casi todos los biógrafos y comentaristas del poeta han abordado el tema de las influencias y han defendido a la vez su originalidad, aunque sin decirnos en qué consiste. Y es que para ellos no era, como para nosotros, el romanticismo un problema tan histórico. Valera logró apartarse bastante y considerarlo en la perspectiva, pero ni él, ni doña Emilia Pardo Bazán, ni ninguno de otros más cercanos al poeta pudo pensar en un detalle como éste: en que se puede hacer un vocabulario romántico. Tengo la convicción de que si hoy al leer a Espronceda nos van saltando vocablos cuyo porte ya en desuso tiene carácter de época, lo mismo

---

[6] Conviene tener presente que todas estas analogías de detalle apuntadas por el erudito precitado se refieren al *D. Juan* de Byron y al *Diablo Mundo*.

han de irse destacando para el investigador leal otras condiciones de estilo más importantes.

"EL ESTUDIANTE DE SALAMANCA"

Preparación del ambiente: media noche, misterio, sombras, viento, medrosos ruidos sobre la ciudad. Choques de espadas, un ¡ay!, un embozado que desaparece en la obscuridad de la callejuela. En vano le sale al paso el fantasma del muerto. Retrato del embozado: un segundo don Juan Tenorio. Acordémonos de que Byron comienza su *D. Juan* buscando un héroe y no encuentra ninguno más a propósito que el burlador de Sevilla. No creo que sea fortuita la coincidencia; creo en una indudable sugestión y la subrayo porque no es la única en la producción de Espronceda, y al analizarla se puede ver que apenas establecido el contacto de ideas, la obra del español inicia un derrotero muy distinto que la del inglés, valiéndose de tono, paso y efectos literarios muy diferentes,

> que hasta en sus crímenes mismos
> ....
> pone un sello de grandeza
> Don Félix de Montemar.

Este sello de grandeza es lo que trata de reflejar el poeta español y a ello va decidido desde la primera página, desde el lema cervantino con que encabeza su narración. Lo más estimable de este cuento es la rapidez, la derechura ejecutiva con que procede el narrador y la gravedad con que enfoca desde luego la historia. No cabe disparidad mayor con el modo de enfocar su poema el gran romántico inglés, tan flotante, tan ágil y divagador, tan sonriente, hecho a volar

no sólo por encima del héroe, sino de todo el mundo social
que le rodea y todas las preocupaciones y bagatelas de ese
mundo. Y siempre poniendo en primer plano su personalidad, mientras que, como dijimos, Espronceda se recata y
deja que la acción se desarrolle sin su presencia en escena.
Esta consecuencia de su aprendizaje clásico no es nada romántica. La manera de Byron lo es siempre. Espronceda
—y ello se ve particularmente en sus poesías primeras—
hubo momentos en que sentía y cantaba como Meléndez o
Gallego, buscando la claridad, el orden, la ternura o la
impulsión bélica dentro de un marco clásico.

Luego hablaremos de esto: sigamos con el poema. Ha
presentado a don Félix de Montemar; ahora traza el retrato
de Elvira, toda inocencia, toda candor. Es el tipo contrapuesto, de oposición extrema, polar; procedimiento muy
cuentista, muy para un público que no percibe sino los
fuertes antagonismos. Y aquí termina la primera parte. El
metro varía mucho, buscando adaptarse al asunto según
cierto convencionalismo sugerido tal vez por la lectura del
Tasso,[7] aunque éste escribe sólo en octavas reales. Espronceda usa en un mismo canto el romance octosílabo, combiciones de tres y dos sílabas, con versos agudos, dodecasílabos
agudos en los pares, redondillas y octavas reales. Éstas
las reserva para los momentos de lirismo más levantado. Tal
diversidad de metros fué la sorpresa de sus contemporáneos.

[7] "Tengo el Tasso a la vista y voy a darte mi parecer sobre su poema
[*La Jerusalén libertada*]. Mil veces lo he leído y con mucho despacio, y te
aseguro que no conozco entre los modernos poeta alguno que le exceda, ni con
quien siquiera poder compararle fuera del Ariosto. Sus versos, llenos de
fuerza y armonía, se pliegan a los asuntos que trata con tanta facilidad
como la música de Rossini a los afectos que intenta conmover en el alma..."
(Carta a Balbino, Ms. en la Bibl. Nal. P. V. Fol. C-4, núm. 29. Publicada
por Mr. Churchman, *Revue Hispanique*, t. 17, año 1917.)

Parte segunda: Al frente, una cita del *D. Juan de Byron*. Ambiente: noche serena y estrellada; la Luna elevándose tranquila; brisa suave, aromas, una mujer —Elvira— vaga por el campo deshojando flores:

> Deshojadas y marchitas
> ¡pobres flores de tu alma!

El poeta va insinuando poco a poco el desvarío, la consunción de la "triste amante abandonada" que no resiste y muere:

> Alma celeste para amar nacida
> ....
> estaba junta a su ilusión su vida.

Momentos antes escribe una carta que ha recordado, a muchos lectores, la carta de Julia en el *D. Juan* de Byron. Aquí repito lo de antes: pudo existir la sugestión, el impulso originario, pero ¡qué derrotero sentimental tan distinto! En cambio, la carta del "Tren expreso", de Campoamor, es fiel resonancia de la de Espronceda.

La última estrofa de esta segunda parte, dedicada toda ella a Elvira, es una cumplida estampa romántica:

> Sobre ella un sauce su ramaje inclina,
> sombra le presta en lánguido desmayo,
> y allá en la tarde, cuando el sol declina,
> baña su tumba en paz su último rayo.

Tampoco en este canto hay divagaciones extrañas al asunto: hay consideraciones sentimentales, pero muy ajustadas. Hay efusión y hasta supertensión romántica, pero dentro de una arquitectura general sobria y clara.

Parte tercera: Cuadro dramático a cuyo frente vemos una cita de Moreto, de acuerdo con todo el romanticismo, que vuelve por el teatro nacional. La escena que se desarrolla puede parangonarse con la escena realista inicial del *D. Álvaro*, entre jugadores y pícaros jactanciosos. D. Félix alardea de impiedad:

> Perdida tengo yo el alma
> y no me importa un ardite.

Y de despego brutal por las mujeres que amó:

> A estar aquí la jugara
> a ella, al retrato y a mí.

La entrada de D. Diego, hermano de Elvira, es sobria y fuerte. Espronceda hace bien las presentaciones y retratos. Para tales pinturas tiene que interrumpir la acción dramática, naturalmente, tal como hace hoy Valle-Inclán en su teatro. Pero la reanuda en seguida y en ese tono insolente que conocemos por el *Tenorio* de Zorrilla, el cual sale de este pseudo-Tenorio. D. Félix se mofa de D. Diego que viene a vengar la muerte de su hermana, y ambos salen desafiados a la calle.

El haber introducido en el poema narrativo un cuadro dramático puede no conciliarse con las normas clásicas, como tampoco se concilia la constante mudanza de metros, pero, indudablemente, la lógica del cuento es rectilínea y clara.

Parte cuarta: Al frente, citas de D. Miguel de los Santos Álvarez y de los Evangelios. El cuadro principia con el malestar doble del vino y del crimen y la visión de Elvira fantasma. En el preámbulo flaquea, y, al llegar al suspiro del fantasma, divaga, aunque tiene aquí estrofas líricas muy bellas que recuerdan algunos versos del "Arpista" de Goethe. La mayor parte de este canto se emplea en el imposible diálogo de D. Félix con la visión, en los pasos errabundos del protagonista por las calles de Salamanca en pos del fantasma, que considera dama bella y fácil, y en alucinaciones como las del entierro. La fatigante peregrinación termina entrando D. Félix en el templo detrás de Elvira, siempre altivo y retador. El poeta mantiene en todo momento los rasgos del alma rebelde que se propuso dibujar.

> grandiosa, satánica figura,
> ....
> Segundo Lucifer que se levanta
> del rayo vengador la frente herida,
> alma rebelde que el temor no espanta,
> ....

La muerte de D. Félix, inmerso en una ronda frenética, abrazado por el esqueleto de Elvira, con asistencia de D. Diego chorreando sangre de la estocada, es verdaderamente espantosa. El poema cierra con el alba jubilosa que después de la caótica noche ilumina las torres de la ciudad. Todo ha pasado. Vuelve la vida, el rumor de los talleres, el trajín humano. El poema queda perfectamente concluso a la manera clásica. El drama queda en su plano de sombras y el lector fuera. Es el cuento.

Tenemos, por consiguiente, en el *Estudiante de Salamanca* una obra clásica por lo que atañe a las líneas constructivas generales —no en cuanto al espíritu, ni en cuanto al tema—. Presentación del héroe, retrato de la víctima, intervención del hermano de ésta, y fin trágico del protagonista. Cuatro partes. La concepción y la traza arquitectónica de los cantos es variable. En unos es sobrio y realista, en otros romántico, aunque sin delirios ni pérdidas de contorno. Las mismas audacias irreligiosas, al dimanar del mismo héroe, no escandalizan como en los poemas verdaderamente románticos, donde es la voz del poeta la que habla entrometiéndose en la obra. La rigurosidad métrica queda burlada, desde luego. Y en cuanto al lenguaje, unas veces es llano, popular (nueva conquista del romanticismo, el cual en todos los países contribuyó a reverdecer el gusto por lo castizo) y otras levantado, y hasta confuso e incorrecto. Por lo que toca a las influencias, el poeta pudo pensar en ciertas normas, tener ante la conciencia enseñanzas aprendidas en el Tasso, en Byron, en nuestro teatro nacional, y en sus mismos contemporáneos, como revelan los lemas de las diferentes partes del poema, pero el resultado no es comparable a ninguna obra de aquéllos. Es un producto orgánico, entero, obediente a una simple manera de sentir y de crear. El desaliño, la falta de escrúpulo técnico y de delicadeza, esos defectos de solicitud amorosa para la propia labor, congénitos en los españoles, más los lugares comunes de la época, podrán desagradarnos. Lo primero que nos repele hoy es la narración y la descripción prolija, porque está eliminada de nuestra poesía actual. La de los últimos días rechaza no sólo eso, sino hasta los nexos que unen imágenes. Se pretende descartar incluso la reflexión lírica, y hacer de la estrofa o poemita un ramo de imágenes que se ayuden sin nexos. Mas, a pesar de esto, que es lo actual y lo que uno siente como cosa viva y operante, como historiador hay que reconocerle al cuento de Espronceda un valor muy alto, de gran importancia para nuestra literatura. Es sobrio, es claro y es libertador en su tiempo. Obras como éstas son las que permiten nuevos avances en las épocas sucesivas.

El *Estudiante de Salamanca*, con ser la obra mejor lograda y redondeada del autor, no es, sin embargo, la que más le caracteriza. Para eso están el *Diablo Mundo*, del que se hablará después, con su justamente famoso "Canto a Teresa", y unas cuantas poesías cortas que nuestras madres sabían de memoria y aun nosotros en la primera juventud. Hay una verdadera conquista del Romanticismo en Espronceda. Al principio su romanticismo es más bien superficial de vocabulario y de temas, pero sin que afecte a su concepto clásico del arte. Cuando se lee *El Pelayo,* por ejemplo, se nos antoja en seguida hacer un vocabulario de palabras o giros románticos. He aquí unos versos sueltos de dicho poema:

> La virgen triste al vencedor acata
> y hondo suspiro de su pecho vuela.
>
> Vierten sus ojos lágrimas, suspira
> y por última vez su alcázar mira.
>
> Allí con ojos lánguidos respira
> dulce placer beldad voluptuosa.

Y unas cuantas adjetivaciones: noche tenebrosa, pavorosa nube, fúnebres ensueños, funeral ruina, manto sombroso, tiniebla umbría. Todo este vocabulario, especialmente de adjetivos, está al principio como engastado en los versos, sin ofrecer un cuerpo homogéneo, salpicado acá y allá. En el *Estudiante* hay estrofas donde ya es más cohesivo:

> Miró sus suspiros llevarlos el viento,
> sus lágrimas tristes perderse en el mar,
> sin nadie que acuda ni entienda su acento,
> insensible el cielo y el mundo a su mal.

Pero donde el vocabulario romántico se identifica con la expresión de conjunto y con la intención del poeta es en el *Diablo Mundo.* Si analizamos la famosa estrofa:

> Sobre una mesa de *pintado pino*
> *melancólica* luz lanza un quinqué,
> y un cuarto *ni lujoso ni mezquino*
> a su reflejo *pálido* se ve:

suenan las doce en el reloj vecino
y el libro cierra que *anhelante* lee
....

podemos notar que *pintado pino* sirve para establecer el color local, cosa muy romántica, nada clásica; que la luz ha de ser *melancólica,* y el cuarto *ni lujoso ni mezquino* (antítesis, figura predilecta del romanticismo); el reflejo es *pálido,* y el acto de leer *anhelante.* Como se ve, pues, la estrofa copiada ya no es sólo vocabulario, es concepto total romántico, visión romántica de la escena con su expresión correspondiente. En el *Pelayo,* en cambio, no podemos encontrar esto.

De las poesías breves se puede decir otro tanto. Falta el conocimiento cronológico de ellas; pero a costa de poco estudio se las podría ordenar. El corte neoclásico de la "Serenata", fechada en Londres, 1828, corresponde al de las siguientes: "El Pescador", "A una dama burlada", "La Cautiva" (aunque estas dos últimas se incluyen en la novela *Sancho Saldaña*), "Oscar y Malvina" (a pesar de ser romántico el tema). Todas son obras vacilantes, de poca pericia y faltas de personalidad, como sus ensayos en la "Academia del Mirto", donde se rendía culto a Horacio, a Herrera y a León. Hay junto a ellas unas cuantas que podríamos llamar "de la emigración", entre las cuales cito la elegía "A la patria", de forma clásica y sentimiento con visos románticos, y hay, además, las que pudiéramos llamar "circunstanciales y de tono bélico": "A la muerte de Torrijos", "Al dos de Mayo", "A Matilde", "A la señora de Torrijos", "A la muerte de D. Joaquín de Pablo", "El canto al cosaco", "A la degradación de Europa", "A Carolina Coronado", "A don Diego de Alvear", "A Guardia" y "Guerra". Ni por ellas, ni por las caballerescas como "La vuelta del cruzado" y otros fragmentos del mismo asunto, se hubiera hecho famoso. Sus poesías de plenitud son éstas: "A una estrella", poema de desesperanza y melancolía, con cierto "vaivén" simbolista o traslado del sentimiento personal al objeto y vuelta de éste al autor. En el mismo tono melancólico, "A una rosa" y "A un ruiseñor", ésta de empaque clásico. Probablemente son obras, como las que siguen, producidas hacia la época del *Estudiante de Salamanca*, es decir, después del año 32. "A Jarifa en una orgía", eminentemente romántica y por consiguiente subjetiva, llena de amargo escepticismo. "La canción del pirata", animosa y romántica a la par, contraponible de "A una estrella", con el mismo traslado de sentimiento, hasta el punto de poner en boca del pirata, cuando habla del reparto del botín, aquella impropiedad:

> Sólo quiero
> por riqueza
> la belleza
> sin igual.

"El himno al Sol", egocéntrica y enfática, donde asoma más que en otras un intelectualismo inglés, byroniano, y un anhelo de eternidad manifestado por envidia hacia quien aparenta tenerla. He aquí la idea del Tiempo pasando ante lo que parece inmutable:

> Y otra vez nuevos siglos
> viste llegar, huir, desvanecerse
> en remolino eterno, cual las olas
> llegan, se agolpan y huyen de Oceano.

Byron medita sobre el Tiempo ante el mar, no ante el Sol, y exclama soberbiamente: "...pero nada cambia en ti sino el capricho de tus olas. El tiempo no graba ni una sola arruga en tu frente azulada; tal cual eres hoy te vió la aurora de la Creación."

Y finalmente, un pequeño grupo, en que la nota más aguda y unitiva es de rebeldía social, formado por "El mendigo", "El reo de muerte", "El verdugo" y "Canción báquica." En el primero de estos poemas hay el mismo egocentrismo que en el himno "Al Sol", la misma traslación de sentimiento que en "El pirata" y la misma rebeldía que en la poesía "A Jarifa". Las influencias más patentes que se anotan en este grupo de poesías breves y mejores son de Beranger y de Byron. Recién publicadas, escribió el poeta Enrique Gil un artículo crítico [8] y alude a tales influjos en estos términos:

Es enorme la revolución que la musa de Beranger ha introducido en Francia, bajando, como nuevo evangelio, a la oscura vivienda del pobre, y tomando a su cargo... enjugar lágrimas desconocidas. Esa musa, al acercarse a la multitud menesterosa hubo de fabricarse un léxico apropiado, lo cual trajo un nuevo tono y expresión poéticos, y un lenguaje sencillo, noble y severo...

La armonía imitativa y la lengua castellana han ganado mucho en elasticidad con las composiciones movidas de Espronceda.

"El mendigo", es menos amarga que en Beranger.

"El verdugo" y "El reo de muerte", de intención profunda y carácter social, pertenecen a la escuela sardónica y desconsolida de Byron.

El mismo asunto (del "Canto del cosaco") lo ha tratado Beranger con igual objeto (amarga censura a la política europea), carácter y tendencia.

La influencia de este poeta francés en el nuestro es quizá más profunda todavía; no se reduce a sugestión de temas.

[8] *Semanario Pintoresco*, 12 de julio de 1840.

Beranger fué un poeta circunstancial, de intención política y regeneradora, populachero porque sujetaba las ideas y los sentimientos reinantes al tono de los cuplés en boga. Por esto, si hoy nos suenan a organillo algunas composiciones del poeta español, es porque, efectivamente, hay en su gestación, por influjo de aquél, un aire callejero. Enrique Gil no apunta en su trabajo otra relación importante. Recomiendo al lector que compare "La canción del pirata" con "La Frégate «La Serieuse», ou la plainte du capitaine", de Vigny.

> Quel plaisir d'aller si vite
> Et de voir son pavillon,
> ....
>
> (Estrofa VIII)

> Moi, de sa poupe hautaine
> Je ne m'absentais jamais,
> Car, étant son capitaine,
> Comme un enfant je l'aimais
> ....
>
> (Estrofa XI)

> Mon banc de quart est mon trone,
> J'y regne plus que les Rois;
> ....
>
> (Estrofa XII)

El poema de Vigny es más largo, y en su variación de metros adopta incluso el alejandrino, que es su favorito, pero están en él todos los elementos que utiliza Espronceda, el aire mismo. A pesar de lo cual, "La canción del pirata" es una poesía bien lograda, más orgánica y emocionante que la de Vigny. Se comprende su popularidad. Dejo para el final la cita de "A una ciega", poemita improvisado, en el cual hay trozos muy bellos; y aquí me permito lamentar esa costumbre sacrílega de la improvisación, que duró hasta fines del siglo pasado y que revela lo dicho antes: la poca solicitud técnica, la indiferencia ante la disciplina y, en el fondo, hacia la belleza. Espronceda adolesció de ello y compuso de tal modo hasta cosas chocarreras e inmundas. Pero sin fijarse en ellas, rara es la poesía en donde no tiene flaquezas que hubiera podido corregir si hubiese querido esmerarse.

"EL DIABLO MUNDO"

Siete son los cantos de este poema inconcluso, desigual de estructura, y cuyos elementos son líricos, novelescos y dramáticos. Ya no nos sirven los conceptos que utilizamos al juzgar *El Estudiante de Salamanca* si queremos analizar este último fruto del poeta. Es otra cosa, más vasta, de más osadía, más romántica, menos arquitectónica por consiguiente, y más emisora del sentimiento directo individual. En España no tenía precedentes.

Como el segundo de estos siete cantos, el que dedica al delirio de su vida, a Teresa, no engarza con los demás, podemos considerarlo aparte. "Este canto es un desahogo de mi corazón", dice Espronceda. Un desahogo de su corazón, en efecto, y, por serlo, el grito romántico más agudo y sostenido de cuantos se oyeron en la península. Él nos ofrece la gran experiencia de su vida y lo más seguro de su personalidad, a saber: exaltación, abundancia, color, musicalidad, sentimiento desgarrado y tierno a la vez. Al público le supo desde luego a confesión, y como desde Rosseau venía habituándose a este modo cálido de narrar, se hizo con él, y sigue vivo todavía en muchos labios. Evidentemente posee aquella condición que según Fausto es indispensable para apoderarse de los hombres: elocuencia que salga del corazón.

Cuarenta y cuatro son las octavas que lo componen; y la nota vibrante del comienzo está sostenida sin fatiga hasta el fin. En dos o tres momentos de este viaje lírico parece que hay lo que en el espacio para los aviadores, trechos sin viento. La voz del poeta se hace entonces más sorda y reflexiva, pero sin decaer continúa pronto el vuelo a toda sonoridad. Muy de otro temple que Bécquer, Espronceda se yergue ante el envite de los recuerdos; por eso la trayectoria de su grito es ascendente, varonil. Este canto hubiera bastado para situarle en el parnaso español. Recuerdo aquí unos versos de don Miguel de Unamuno:

> Dejar un grito, nada más que un grito,
> aquel del corazón cuando le quema
> metiéndosele el sol...

Este ideal lo realiza sin duda Espronceda; claro está que muy de otro modo que Unamuno. Éste le exigiría a su gusto más dimensiones.

En *El Diablo Mundo,* un tema de alto vuelo se nos brinda:

> Nada menos te ofrezco que un poema
> con lances raros y revuelto asunto,
> de nuestro mundo y sociedad emblema...
> ...Cierto trasunto
> de la vida del hombre y la quimera
> tras de que va la humanidad entera.

La epopeya de la Humanidad tentaba por aquellos años a más de un poeta; Vigny en sus *Poemas* (1822) trata de los dolores humanos siglo por siglo; Lamartine advierte en el prólogo a su *Jocelyn* (1836) lo siguiente:

Je cherchais quel était le sujet épique approprié à l'époque, aux moeurs, à l'avenir qui permit au poète d'être à la fois local et universel, d'être merveilleux et d'être vrai, d'être inmense et d'être un. Ce sujet, il s'offrait de lui-même, il n'y a pas deux; c'est l'humanité, c'est la destinée de l'homme: ce sont les phases que l'esprit humain doit parcourir pour arriver à ses fins par les voies de Dieu.

Víctor Hugo, más tarde, ofrece su *Légende des Siècles*.

Espronceda recoge del ambiente el tema de moda y, según podrá ver quien analice su obra, lo complica con los temas del *Fausto* y del *Ingenuo* de Voltaire. Todo el desorden y lo que hay de inseguro en la obra del poeta español proviene de no haber dominado, de no haberse sobrepuesto a los puntos de partida que fijaron el escritor francés y el alemán. Su sangre fogosa de meridional, su enorme premura, le llevan además a resolver con ligereza las complejidades que el tema ofrece, y a rebajar, materializar y puerilizar caracteres y situaciones que toma claramente de uno y otro. Esto es duro, pero es exacto. Si Adam, su héroe, es un fantoche al principio, es porque Espronceda vacila entre *Fausto* y el *Ingenuo*. Ambos le seducen como puntos de arranque. El de *Fausto*, viejo que rejuvenece por arte diabólico y va pasando por distintos medios sociales y experiencias, y el del *Ingenuo*, muchachote crecido entre salvajes que al arribar a Francia choca con los convencionalismos de la vida culta o artificial. No opta por ninguno Espronceda; funde los dos, pero de la fusión sale un héroe mal definido y sin solidez. Un héroe rejuvenecido, como Fausto, pero cuya metamorfosis se nos escamotea recurriendo a trucos infantiles como el sueño, las digresiones filosóficas y la intervención de una deidad que representa a la Vida. Es decir, que Adam viejo se rejuvenece por virtud de la vida misma. Él no ofrece nada en pago, ni siquiera el esfuerzo, puesto que en lo mejor de su deseo de inmortalidad se echa a dormir. Fausto le ofrece el alma a quien le transforma. Fausto entra en la vida con su experiencia de viejo; Adam en cambio, sin noción del mundo, ausente de memoria y hasta de habla. En esto es más *Ingenuo* que *Fausto*. ¿Véis cómo se entrecruzan los dos tipos? Quiero copiar aquí una página de su íntimo y pariente don Patricio de la Escosura a propósito de *El Diablo Mundo*.[9]

¿Es en realidad lo mejor de sus obras? Resueltamente, señores, yo no lo creo. ¿Por qué así? ¿Carece ese poema de un gran pensamiento? No, en verdad, tiénelo inmenso, excesivo, a mi juicio. Un viejo que rejuvenece, al parecer inmortal, que va de nuevo a emprender la vida, entrando en ella sin conciencia ni recuerdo de la que antes tuvo, y por las puertas de lo maravilloso para que, encontrándose así desde el primer instante en contradicción con las ordinarias condiciones de la existencia humana, sea la suya una perpetua lucha, que comienza en una cárcel entre bandidos, que le da por amante una ramera, y que, hasta donde con la obra llegó el autor, nos lo muestra siendo inconsciente juguete de circunstancias fortuitas...

Goethe no va tan lejos. Con la experiencia de la ancianidad entra en la vida el seductor de Margarita...

Pero, ¿qué es, qué significa, qué prueba el Adam de Espronceda en *El Diablo Mundo*? Si ese hombre entra en su nueva vida sin recordar siquiera que otra tuvo *¿de qué le sirve haberla tenido?* ¿Por qué negarle lo que próvida y lógica, la naturaleza concede, no sólo al hombre, sino a los animales todos: padres que los crien, y con su ejemplo cuando menos, a vivir les enseñen? Si eso se

[9] *Tres poetas contemporáneos.* (Discurso de entrada en la Academia de la Lengua, pp. 102-103.)

hizo para buscar el contraste directo y brusco entre la naturaleza humana en su estado más inculto, y la civilización en su inmoralidad más profunda, sin acudir a prodigio alguno hubiera podido lograrse: un salvaje cualquiera, como el *Ingenuo* de Voltaire, por ejemplo, hubiera llenado los fines del autor.

Escosura, que tanto quería y admiraba a Espronceda, se planteó bien el asunto pero no llegó a pensar en que la monstruosidad o mejor dicho frustración de Adam como personaje proviene de la fusión que hay en él de dos personajes: el Ingenuo y el doctor Fausto; con más dosis del primero que del segundo. Veámoslo.

El seudo-Fausto, en el tercer canto, recién transformado, aparece desnudo ante los ojos de los vecinos y patrones, tal como Hércules, el Ingenuo, en la escena grotesca del bautismo por inmersión. Por cierto que —y es un detalle que hoy se hubiese prestado al psicoanálisis— Espronceda le llama Hércules sin darse cuenta:

>—*¡Cómo! ¡A mí! ¡Voto a tal!*, gritó en su ira
>furioso el pobre concejal en tanto
>viendo aquel tagarote con espanto
>que con salvaje júbilo le mira,
>que le acaricia rudo,
>*Hércules* sin pudor, Sansón desnudo...[10]

Más adelante insiste el nombre que le anda en la subsconsciencia:

>Y hallaron al patrón que a hablar no acierta
>y al *Hércules* haciendo desatinos.

[10] El Ingenuo recibe en la pila bautismal el nombre de Hércules por su complexión robusta.

Los detalles no dejan de tener interés; hay otro en la misma escena que tiene su correspondiente también en la escena del bautismo del Ingenuo: el recreo hipócrita de una mujer ante el desnudo varonil. En el *Ingenuo*, Mademoiselle de Saint-Ivés, y Mademoiselle de Kerkabon, cuando todos andan buscando al neófito,

> se promenait tristement le long des saules et des roseaux qui bordent la petite riviére de Rance, lorsqu'elles apercurent au milieu de la rivière une grande figure assez blanche, les deux mains croisées sur la poitrine. Elles jetèrent un grand cri, et se deturnèrent. Mais la curiosité l'emportant bientot sur toute autre consideration, elles se coulèrent doucement entre les roseaux; et quand elles furent bien sures de n'tre point vues, elles voulurent voir de quoi il s'agissait.

En Espronceda (véanse las estrofas) todo más bufo, pero idéntico en lo esencial.

Al final de este canto Adam es metido en la cárcel, como Hércules es metido en la Bastilla.[11] Entramos en el canto V. Adam conoce en la cárcel al tío Lucas, criminal y viejo, que viene a ser su preceptor. El Ingenuo tiene a Gordon, viejo y sabio y consuelo de los desventurados. La diferencia está sólo en que el preceptor del Ingenuo es hombre noble y culto y el otro un redomado pícaro. Ambos discípulos aprenden rápidamente. Adam conoce a Salada, la hija del viejo Lucas, antes de saber hablar, y como el Ingenuo, cree que no hay más que avalanzarse sobre la mujer en el instante que nos agrada.

> Que él no sabe con ella hablar de amores,
> sino sentir en su locura ciego,
> suspiros son la voz de sus dolores,
> y son sus ansias en sus ojos fuego:
> ella entre tanto calma sus furores...

---

[11] Esta coincidencia y la que hay en el modo de rescatar a ambos las señaló Américo Castro, *Revista de Filología Española*, 1920.

No hay más que acordarse de la habilidad con que la señorita Saint-Ives va esquivando las acometidas del Ingenuo que, a las primeras de cambio, entró en su alcoba diciendo jadeante: "Je vous épouse".

En la obra de Voltaire, después de una charla detenida entre el Ingenuo y Gordon, se dice: "Mais dans le repos de la nuit, l'image de la belle Saint-Ives effasait dans l'esprit de son amant toutes les idées de métaphysique et de morale". Véase el traslado fiel que hace Espronceda de este momento:

> Quedóse Adam mientras espera el día
> rumiando las palabras del bandido;
> pasar el mundo en confusión veía
> con loca fiebre y delirante ruido.
> Luego, en grata embriaguez su fantasía,
> embargándole el sueño su sentido,
> la imagen en visión encantadora
> le trajo amor de la mujer que adora.

Finalmente, para libertar a su amado ha de entregar su virtud Mademoiselle de Saint-Ives a un cortesano influyente, y para libertar a Adam, la hija del tío Lucas, "la Salada", se entrega al juez. Y digo finalmente porque, aunque la última escena de *El Diablo Mundo* y del *Ingenuo* se verifique en torno a una joven muerta, la comparación aquí es menos natural, algo forzada.

Hasta aquí tenemos que el pseudo-Fausto se ha comportado más bien como Ingenuo. Pero el verdadero doctor Fausto ha de pasar por más lances y más ambientes sociales. Bien lo dice Mefistófeles al conducirle a la taberna de Auerbach: "Hace falta ante todo que penetres en un medio de gente alegre". El héroe de Espronceda, que, como el de Goethe, siente el mal del siglo, el ansia de conocerlo todo, verifica esta experiencia en una taberna del Avapiés. Por cierto que la nota anticlerical de este cuadro (canto V) tiene ascendientes en las dos obras extranjeras tantas veces citadas. Sólo que en el *Fausto*, el cura es codicioso, lagartón; en el *Ingenuo*, intrigante; en *El Diablo Mundo*, simplemente marrano.

El doctor Fausto ha de seguir sus correrías y experiencias. Ahora penetra como un ladrón en el dormitorio de Margarita. Un extraño bienestar se apodera de sus sentidos. Pues bien, el canto VI de *El Diablo Mundo* es como un eco plebeyo de aquel paso. Adam entra en la alcoba de una condesa y va gustando sensaciones que se corresponden con las de Fausto.

Angela Hämel, que ha estudiado a Espronceda bajo su aspecto de humorista principalmente, afirma que los cantos I y III son los que ofrecen más datos.[12] Mas no se ve que son los más parejos con la obra satírica de Voltaire. Dentro del humorismo pesimista de *El Diablo Mundo*, son de un humorismo satírico, salpicado acá y allá del humorismo acre de Byron, que tan bien cuadraba al temperamento español.

La puerilidad patriotera que se niega a reconocer influencias en nuestros artistas, es causa de que no lleguemos a comprender nunca nuestras obras. Se concibe la posición del vulgo iletrado, que busca pasatiempo nada más, importándole poco la complejidad que significa siempre la obra de arte; pero la de quien se pone delante de ella con ánimo de descubrir su espíritu y su contextura, dispuesto sin embargo a no admitir hechos que puedan molestar al patriotismo mal entendido, es contradictoria y pueril. Que a Espronceda le fascinan los tipos de Fausto y Mefistófeles y que en el poema en cuestión quedan huellas y preocupacio-

---

12 Angela Hämel, "Der Humor bei José de Espronceda" *(Zeitschrift für Romanische Philologie,* 1921, vol. XLI).

nes de ellos, me parece evidente. Las hay hasta en el título:
en ese título extraño, enigmático, compuesto ya de los dos
elementos que a mi juicio son radicales en la gestación del
poema: Goethe y Voltaire; Mefistófeles y la humanidad in-
comprensiva que no entiende al hombre selvático. Espronceda enmaraña lo que ya está claro y plástico en la obra
alemana y en la religión: por un lado el hombre y por otro
el ángel del mal. La definición que hace Mefistófeles de sí
mismo en el *Fausto* es clara: "Yo soy el espíritu que todo lo
niega. Lo que vosotros llamáis destrucción, pecado, mal, en
una palabra, ese es mi elemento." El diablo de Espronceda
—sin ser otra cosa en el fondo que el diablo de siempre,
pero desprovisto de independencia respecto al hombre—
dice:

> Y ese gusano que roe
> tu corazón, esa sombra
> que anula tus ilusiones,
> soy yo, el lucero caído,
> el ángel de los dolores,
> el rey del mal, y mi infierno
> es el corazón del hombre.

Toda la dificultad de comprensión que ofrece este *Diablo Mundo* proviene de que nuestro poeta ha deshecho
la imagen tradicional del diablo, repitiéndola en todos y
cada uno de los hombres y en todos y cada uno de los espíritus. De aquí lo caótico de las voces que intervienen en la
introducción. En Goethe, las voces celestiales o terrenas
no ofrecen jamás ese caos. Una dificultad análoga ofrece el
tipo de Adam, mitad *Fausto* y mitad *Ingenuo*. El poema no
se endereza mientras no pierde el héroe esta ambigüedad.
Y entonces, sólo entonces, nos hallamos con la personalidad
intacta del poeta y con elementos puramente españoles. En

cuanto Espronceda entra en los cuadros realistas se mueve con despejo, según las dotes naturales de raza. No es hombre para andar en ambientes nebulosos ni complejos. Nitidez pide siempre la inteligencia española; aspereza tangible, colores concretos deseamos siempre los españoles. Todas esas digresiones byronianas nos aburren en *El Diablo Mundo*, aunque vengan salpicadas de humorismo caricaturesco. Lo que permanece en pie de todo el poema es el canto a Teresa —ese grito aparte y personal que llega a tener verdadero *cuerpo*, a fuerza de dolor— y los cuadros dramáticos. Lo demás se cae; y se cae porque no fueron sino elementos pegadizos, pies forzados que no pudo hacer suyos el poeta.

Una última consideración para terminar: aunque estéticamente no está logrado el personaje central de *El Diablo Mundo*, el haberse dejado cautivar por ese tipo humano es noble, simpático y de trascendencia en nuestra historia literaria. Desde el Robinsón Crusoe (1719), desde el siglo XVIII tan empelucado y de salón, se difunde por Europa el amor al hombre exótico, que vive en plena naturaleza, que no sabe de convencionalismos y por lo tanto reacciona vivísimamente al penetrar en la sociedad. La reacción contra lo afectado y normalizado impulsa a los hombres hacia el polo opuesto; comienzan por admirar a los salvajes, y acaban por apiadarse más de los bandidos, de las rameras, de los criminales y en general de todos los descalificados socialmente, que de los seres normales. Adam es un hijo legítimo de ese estado sentimental postrousseauniano, es un producto de su tiempo y es inútil buscarle antecedentes en la literatura española antigua, porque su espíritu no coincidiría con ninguno. Espronceda se revela en la elección de este tema, como alma seducida por el misterio, apasionada por la bondad primitiva, amiga de los postergados, enemiga

de normas caducas, rebelde, en fin; como en sus mejores
poemas breves. No es extraño que sumase más admiradores
que los otros románticos, y que sus debilidades técnicas quedasen oscurecidas por la fogosidad y nobleza de su alma.

(1923)

ÍNDICES

ÍNDICE DE NOMBRES

Abreu Gómez, Ermilo, 142-143, 157
Achúcarro Nicolás, 52
Alaminos, Luis, 26
Alarcón, Pedro Antonio de, 32, 34, 104
Alba, Duquesa de, 115
Albéniz, Isaac, 104
Alberti, Rafael, 50, 79, 125
Alenza, Leonardo, 234, 242
Alfonso XIII, 40, 42, 82
Alonso Cortés, Narciso, 209
Alvarez, Miguel de los Santos, 251
Alvarez Quintero, Serafín y Joaquín, 119
Alvarez de Sotomayor, Fernando, 41
Amalfi, Duquesa de. *Véase* Avalos, Constanza de
Amiel, 204
Angélico, Fr., 85, 120
Anguiano, Raúl, 155, 166
Aragón, Juana de, 224
Aragón, María de, 224
Araquistáin, Luis, 13, 15
Arciniegas, Germán, 176-181
Arcipreste de Hita, 27, 29
"Argentina", 67
"Argentinita", 65
Ariosto, Ludovico, 207, 249
Aristóteles, 27, 214
Arnáiz y Freg, Arturo, 152, 154-155, 165
Arráiz, 237
Arteta, Aureliano, 40
Avalos, Constanza de, 224
Azaña, Manuel, 29, 35
"Azorín", 18, 19, 28, 29, 32, 34, 42, 49, 52, 54, 55, 56, 58, 80, 83, 85, 90, 96-101, 136, 230, 231, 242

Bal y Gay, Jesús, 67
Balart, Federico, 127
Balbino, 249
Barajas, Alberto, 152, 155, 166
Baroja, Pío, 19, 20, 21, 28, 32, 34, 35, 40, 42, 52, 54, 59, 80-87, 90, 131, 136, 242
Baroja, Ricardo, 40, 44
Baudelaire, Charles, 120
Bayo, Gregorio del, 237, 238
Bécquer, Gustavo Adolfo, 83, 103, 111, 122, 260
Bécquer, Valeriano, 243
Bejarano, 230
Bello, Pepín, 64
Benavente, Conde de, 208
Benavente, Jacinto, 28, 32, 111
Benedito, José, 41
Benítez, Fernando, 151, 152, 154, 164
Beranger, 257, 258
Berceo, Gonzalo de, 206
Bergson, Henri, 73-74
Beruete, Bernarda de, 239
Besignano, Princesa de. *Véase* Colonna, Isabela
Bitonto, Marquesa de. *Véase* Gonzaga, Dorotea
Blasco Ibáñez, Vicente, 82
Bolívar, Ignacio, 52, 72
Bonfadio, 223
Borbones, 236
Bores, 15
Botticelli, 120
Breton, André, 55
Briceño, María, 224
Buñuel, Luis, 15, 50, 151

Byron, 235, 244, 246, 247, 248, 249, 250, 253, 256, 257, 266

Cabrera, Blas, 52, 72
Cabrera, Miguel, 144
Calderón de la Barca, Pedro, 24
Calleja, Juan M., 234
Camba, Julio, 15
Camerino, Duquesa de. *Véase* Cibo, Catalina
Campoamor, Ramón de, 32, 33, 250
Cansinos-Assens, Rafael, 111
Carafa, Robusta, 224
Cardona, María de, 224
Carlos V, 220, 221
Carlyle, Thomas, 71
Carnesecchi, Pietro, 223
Carrión, Jorge, 152, 153, 154, 164
Carvajal, Miguel de, 216
Casanova, Juan Jacobo, 204
Castillejo, José, 71, 72
Castro, Américo, 16, 264
Castro, Rosalía de, 111
Cecchi, Giovan María, 211
Cela, Camilo José, 60
Cernuda, Luis, 69
Cervantes, 207, 218, 227, 231
Cézanne, Paul, 38
Cibo, Catalina, 224
Cierva, Juan de la, 20
"Clarín", 34
Clemente VII, 223
Cocteau, Jean, 55
Coloma, P. Luis, 34
Colonna, Ascanio, 224
Colonna, Isabela, 224
Colonna, Vespasiano, 223
Colonna, Victoria, 224
Cosío Villegas, Daniel, y familia, 176
Cossío, Manuel Bartolomé, 35, 56, 58, 71, 72, 82, 120, 129, 136

Costa, Joaquín, 52, 56, 58
Cotarelo y Mori, Emilio, 219, 226
Crisolaras, 226
Croce, Benedetto, 211

Chacón, 67
Chaplin, Charles, 62, 91
Chicharro, Eduardo, 41
Chopin, Federico, 65
Churchman, 236, 246, 249

Dalí, Salvador, 15, 50, 55, 136, 151
Dalmau, 213
D'Annunzio, Gabriele, 28, 112, 120
Dante, 204
Darío, Rubén, 111, 112, 169, 240, 242
De los Ríos, Blanca, 191
Debussy, Claude, 65
Dehino, 225
Del Río, Angel, 64, 66
Del Río-Hortega, Pío, 16, 52, 72
Díaz Pérez, Viriato, 111
Dickens, Charles, 83
Diego, Gerardo, 69
D'Ors, Eugenio, 28, 29, 30, 129
Dostoiewski, Feodor, 83, 84

Echegaray, José, 32, 33, 41
Echevarría, Juan, 40
Einstein, Albert, 62
Encina, Juan de la, 216
Encinas, Francisco de, 221, 223
Erasmo de Rotterdam, 220, 221, 222, 226, 228
Escosura, Patricio de la, 234, 235, 237, 238, 239, 262
Espronceda, José de, 104, 111, 119, 233-269
Esquivel, 242
Este, Francisco de, 224
Estrada, Genaro, 51

ÍNDICE DE NOMBRES

Falla, Manuel de, 65, 104, 136
Felipe II, 40, 208
Felipe IV, 121
Fernando VII, 44
Ferrán, Augusto, 104, 111
Fichte, 244, 245
Figueroa, Juan de, 209
Fondi, Condesa de. *Véase* Gonzaga, Julia
Fox, Jorge, 225
Franco, Francisco, 17, 20, 45
Freud, Sigmund, 28, 61

Gallego, Juan Nicasio, 249
Ganivet, Angel, 34, 35, 138
Gaos, Vicente, 183
García Lorca, Federico, 49, 50, 55, 63-70, 125, 136, 151
García Morente, Manuel, 20, 22, 72
Garcilaso de la Vega, 206
Gayangos, Pascual, 219
George, Stefan, 71
Giancarli de Rovigo, Cigio Arthemio, 211, 217
Gil, Enrique, 257, 258
Giménez Caballero, Ernesto, 53
Giner de los Ríos, Francisco, 56, 58, 71, 82, 129, 136, 137, 230
Giner de los Ríos Morales, Francisco, 168
Godoy Alcayaga, Lucila. *Véase* Mistral, Gabriela
Goethe, Johann Wolfgang, 71, 132, 213, 251, 265, 267
Gómez de la Serna, Ramón, 13, 15, 23, 46, 47, 48, 49, 50, 53, 54, 55, 80, 87-94
Gómez Mena, María Luisa, 182
Gómez-Moreno, Manuel, 16
Góngora, Luis de, 55
Gonzaga, Dorotea, 224
Gonzaga, Ferrante, 224

Gonzaga, Julia, 223, 224, 225
González Blanco, Andrés, 137
González, Blanco, Pedro, 111
González Martínez, Enrique, 80, 146, 160
Goya, Francisco de, 43-46, 48, 115
Graef, Carlos, 152, 153, 163
Granados, Enrique, 136
Greco, 40, 42, 120, 145, 156, 220
Gris, Juan, 136
Guillén, Jorge, 13, 15
Guillén, Nicolás, 182-184
Gutiérrez Solana, José, 40, 44, 45, 49
Guzmán, Martín Luis, 149, 162

Halffter, Ernesto, 54
Haemel, Adela, 266
Haro, Guillermo, 152, 156
Heidegger, Martin, 130
Heine, Heinrich, 71, 105, 112, 246
Hermosilla, 234
Herrera, Fernando de, 255
Hitler, Adolf, 24
Horacio, 247, 255
Hugo, Victor, 24, 120, 121, 261
Huidobro, Vicente, 174

Iglesia, Ramón, 56
Iglesias, Pablo, 58
Iturriaga, José E., 152, 154, 165

Jacob, Max, 75
Jiménez, Juan Ramón, 13, 15, 32, 33, 54, 69, 73, 75, 100, 111, 125, 128, 136, 142
Jiménez Fraud, Alberto, 51, 70-73, 75, 129
"Juan Brevas", 67
Julio Antonio, 206
Jung, C. G., 130

Kant, Emanuel, 22
Klein, J. L., 211

Laforet, Carmen, 60
Laforgue, Jules, 113
Lamartine, Alphonse de, 112, 261
Larra, Mariano José de, 34
Larrea, Juan, 120, 178
Lazo, Carlos, 152, 156, 157
Lenin, 61
León, Fr. Luis de, 228, 255
León Felipe, 13, 15
Leopardi, Giacomo, 246
Lista, Alberto, 234, 235, 243
Luciano de Samosata, 221

Machado, Antonio, 32, 33, 54, 56, 58, 69, 111, 126-132, 136, 137, 242
Machado, Manuel, 32, 33, 102-125, 137, 240, 241, 242
Madalone, Princesa de. *Véase* Carafa, Robusta
Madariaga, Salvador de, 13, 15
Maeztu, Ramiro de, 13, 15, 34, 85
Mancha, Teresa, 236, 237, 238, 259
"Manolete", 101
Manrique, Isabel, 224
Maragall, Joan, 83, 136
María Cristina, 40
Mariana, 208, 209
Marinetti, F. T., 54
Martínez Sierra, Gregorio, 111
Martínez Torner, Eduardo, 67
Mártir de Anglería, Pedro, 220, 225
Maura, Antonio, 20
Medinaceli, Duque de, 208
Meléndez Valdés, Juan, 249
Memling, 206
Mendoza, Diego de, 231

Menéndez y Pelayo, Marcelino, 218, 221, 222, 225, 227
Menéndez Pidal, Ramón, 16, 52, 72, 183
Miguel Angel, 224
Miranda, Luis de, 216
Miró, Gabriel, 23, 136, 242
Mirón, 56
Mistral, Gabriela, 176-181
Mitjana, Rafael, 67
Molfetta, Princesa de. *Véase* Villamari y Cardona, Isabel
Mombert, Alfred, 71
Monreal, 223
Moréas, Jean, 113
Moreno Carbonero, José, 41
Mozart, Wolfgang Amadeus, 65
Muñoz, Andrés, 208
Musset, Alfred de, 112, 119
Mussolini, Benito, 20, 24

Nebrija, Elio Antonio de, 226
Negrín, Juan, 13
Neruda, Pablo 174
Nietzsche, Friedrich Wilhelm, 84
Nonell, Isidro, 41
Novo, Salvador, 148, 161
Núñez de Arce, Gaspar, 32, 34

Ochino, Bernardino, 223
Onís, Federico de, 13, 15, 66, 71
Ontañón, Gil de, 231
Orsini, Melich, 128
Ortega y Gasset, José, 20, 21, 23, 24, 28, 29, 30, 32, 34, 35, 42, 48, 52, 54, 56, 57, 71, 72, 73, 85, 130, 136, 242
Ortiz de Montellano, Bernardo, 146-147, 160
Osorio, señora de, 239
Osuna, Duque de, 191
Pablo, Joaquín de, 237
Palacio Valdés, Armando, 34
Parceriza, 243

Pardo Bazán, Emilia, 32, 34, 247
Patinir, Joachim de, 216
Paz, Octavio, 143-144, 151, 152, 158
Pellicer, Carlos, 148-149, 162
Pereda, José Mª de, 32, 34
Pérez de Ayala, Ramón, 13, 15, 21, 23, 34, 52, 54, 60, 69, 111, 119
Pérez Galdós, Benito, 25, 32, 33, 34, 57, 59, 84, 136
Pescara, Marqués de, 224
Picasso, 13, 15, 41, 52, 54, 61, 120, 136
Piccolomini, A., 211
Piombo, Bartolomé del, 223
Platón, 227, 247
Plauto, 211
Plinio el Viejo, 170
Prados, Emilio, 64
Primo de Rivera, Miguel, 27
Puchkin, Alejandro, 246

Rafaela Angela, 209
Raineri, Antón Francesco, 211
Ramírez de Arellano, Rafael, 210
Ramón y Cajal, Santiago, 52, 72
Ravel, Maurice, 65
Regoyos, Darío de, 33, 43, 83
Reina, Manuel, 111
Renard, Jules, 142
Reyes, Alfonso, 20, 21, 27, 51, 80, 140-142, 153, 157, 168-175
Riego, Rafael de, 235
Rodríguez Marín, Francisco, 209
Rojas, Agustín de, 207, 218
Romanones, Conde de, 117
Romero de Torres, Julio, 41, 206
Rossini, Gioacchino Antonio, 249
Rousseau, Juan Jacobo, 259
Rubens, Peter Paul, 213
Rueda, Lope de, 206-219

Rueda, Salvador, 111
Ruiz Galindo, Antonio, 176

Sagasta, Práxedes Mateo, 117
Salaverría, José Mª, 87
Salazar, Adolfo, 67
Salerno, Príncipe de, 224
Salinas, Pedro, 13
Salmona, Princesa de. *Véase* Cardona, María de
Samain, Albert, 113
San Jerónimo, 224
San Pablo, 224
Santa Paula, 224
Santa Teresa, 60, 96, 221
Savonarola, Girolamo, 223
Schiller, J. Ch. F. von, 130
Schlegel, Federico, 244, 245
Schubert, Franz, 65
Sepúlveda, Ginés de, 216, 222
Shakespeare, William, 101, 211
Shaw, Bernard, 62
Siloe, Diego de, 231
Simmel, Georg, 130
Sócrates, 226
Solimán el Magnífico, 223
Sorolla, Joaquín, 33, 41, 42, 43, 49
Squilace, Princesa de, 224
Stendhal, 83, 149
Stiefel, 211
Stigliano, Princesa de. *Véase* Ursina, Clarisa

Tagore, Rabindranath, 142
Tamayo, Jorge L., 152, 156, 167
Tapia, Luis de, 119
Tasso, Bernardo, 223
Tasso, Torcuato, 249, 253
Téllez Girón, familia, 198
Ticiano, 120
Timoneda, Juan de, 208, 215, 216, 219
Tirso de Molina, 187-205
Toreno, 246

Torre, Guillermo de, 13, 15, 16
Torres Bodet, Jaime, 147-148, 161
Torres Naharro, Bartolomé de, 216, 217
Torri, Julio, 144-145, 159
Trueba, Antonio de, 95
Turró, Ramón, 28, 30

Unamuno, Miguel de, 14, 17, 19, 20, 21, 23, 24, 26, 27, 28, 34, 35, 42, 51, 52, 54, 56, 57, 69, 71, 79, 81, 85, 90, 94-96, 121, 122, 136, 137, 143, 145, 183, 184, 242, 260
Ursina, Clarisa, 224

Valdés, Alfonso de, 220, 221
Valdés, Juan de, 220-232
Valera, Juan, 32, 34, 247
Valéry, Paul, 74-76, 179
Valéry-Larbaud, 145
Valle-Inclán, Ramón Mª del, 21, 23, 28, 32, 48, 51, 52, 60, 69, 85, 111, 136, 206, 251
Vallejo, César, 174
Van Laethen, 120
Van der Goes, 215
Vances, Pedro, 103
Vasconcelos, José, 139, 143, 158

Vasto, Marquesa del. *Véase* Aragón, María de
Vázquez Díaz, Daniel, 41
Vega, Alonso de la, 216, 218
Vela, Fernando, 54
Velázquez, 40, 42, 101, 120, 206, 231
Verdaguer, Jacinto, 111
Verlaine, Paul, 83, 103, 112, 113, 119, 120
Vico, Marqués de, 224
Vigny, Alfred de, 258, 260
Villaespesa, Francisco, 111
Villamari y Cardona, Isabel, 224
Villaurrutia, Xavier, 145-146, 159
Voltaire, 244, 261, 265, 266, 267

Watteau, Jean Antoine, 113
Whitman, Walt, 122

Yebes, Conde de, 85

Zea, Leopoldo, 152, 153-154, 163
Zorrilla, José, 95, 104, 251
Zubiaurre, Ramón y Valentín, 40, 206
Zuloaga, Ignacio, 40, 42, 43, 44, 45, 49, 97
Zulueta, Luis de, 71

ÍNDICE GENERAL

Prólogo 9

LOS AUTORES COMO ACTORES EN LA VIDA

- I. Las mujeres de mis contemporáneos 13
- II. Modos de soportar los trabajos 15
- III. El talante y la obra 19
- IV. El literato en función social 22
- V. El poder hipnótico 24
- VI. Móviles del trabajo 27
- VII. La superación 31
- VIII. La discordia 34
- IX. El trabajo de pintar 37
- X. Los pintores de la España Negra 40
- XI. Goya les acompañaba 43
- XII. Las fluctuaciones 46
- XIII. El juego político-literario 49
- XIV. Los alacres 52
- XV. Los lanzadores de temas 55
- XVI. Inventores y exhumadores 58
- XVII. Triunfadores aplastantes 61
- XVIII. Instantes musicales con García Lorca 63
- XIX. Jiménez, Don Alberto, Alberto 70
- XX. De Bergson y de Valéry 73

PENSANDO EN CONTEMPORÁNEOS ESPAÑOLES

Autobiografías y memorias de españoles en el siglo xx ... 79
Manuel Machado, la manolería y el cambio 102
Palabras sobre Antonio Machado 126

PENSANDO EN CONTEMPORÁNEOS AMERICANOS

Un ensayo de quirosofía. Dos tandas de manos mexicanas ... 135
Alfonso Reyes y la poesía 168

Encuentro con Gabriela Mistral y Germán Arciniegas 176
Nicolás Guillén o la discriminación 182

ESTUDIOS SOBRE AUTORES DEL PASADO

Una línea en la intimidad de Tirso 187
Lope de Rueda 206
Juan de Valdés y el *Diálogo de la Lengua* 220
Espronceda 233

Indices 271

Se terminó la impresión de esta obra en
el mes de julio de 1984, en los talleres de
"La Impresora Azteca", S. de R. L.,
avenida Poniente 140 N° 681-1, colonia
Industrial Vallejo, 02300, México, D. F.
Se tiraron 3 000 ejemplares.

"Los trabajos incluidos en este volumen —advierte el autor en su Prólogo— pertenecen a dos hemisferios: al de la crítica literaria y al de la convivencia literaria; al del estudio sobre los productos de creación y al del conocimiento directo de los autores".

La historia literaria —añade— no se contenta con registrar y analizar las obras legadas por los autores; ansía conocer a éstos en cuanto seres humanos y en función social. Como actores. Situándolos así, en perspectiva y sobre el escenario de la vida, ellos, los creadores de personajes, se convierten en figuras míticas.

Su convivencia dilatada con los más importantes escritores de la generación del 98 y de las siguientes le califica especialmente para iniciar un esclarecedor ensayo de sociología literaria en este sentido, que preside y da nombre al libro. Le siguen otros sobre autobiografías y memorias de escritores españoles, sobre los Machado, sobre las manos de los escritores mexicanos, sobre Alfonso Reyes, Gabriela Mistral, Germán Arciniegas y Nicolás Guillén, y finalmente se exhuman sus preciosos estudios sobre Lope de Rueda, Juan de Valdés y Espronceda.

José Moreno Villa nació en Málaga en 1887 y murió en México en 1955. A medio camino entre la generación del 98 y la del 27, fue mentor admirado y querido de toda la juventud que pasó por la Residencia de Estudiantes de Madrid. Escribió: *Garba* (1913), *El pasajero* (1913), *Luchas de pena y alegría* (1915), *Evoluciones* (1918), *Florilegio* (1920), *Colección* (1924), *Jacinta la pelirroja* (1929), tres series de *Carambas*, *Puentes que no acaban*, *Salón sin muros* (1935), *Patrañas* (cuentos) (1924), *Pruebas de Nueva York* y *La comedia de un tímido* (teatro) (1924).

En México publicó: *Locos, enanos, negros y niños palaciegos* (1939), *Cornucopia de México* (1940), *Doce manos mexicanas*, *Puerta severa*, *La noche del verbo* (1942), *Vida en claro* (1944) y *La música que llevaba* (poesía 1913-1947).